TRINITY

Über das Buch:

Wir alle sehnen uns danach, den richtigen Partner zu finden. Einen Menschen, den wir lieben und dem wir vertrauen. Doch nichts scheint schwieriger zu sein. Viele fragen sich: Muss ich mich damit abfinden? Bleiben Beziehungen meine ewige Baustelle? Bin ich am Ende gar nicht fähig zu tiefer, echter Liebe? Leider gibt es für Liebe und Partnerschaften keine Gebrauchsanweisungen oder Patentrezepte. Aber es gibt dennoch einen Weg, denn wir alle tragen die Voraussetzungen, um unser Liebesglück zu finden, bereits in uns. Hilfreich zur Seite steht uns bei dieser Suche kein geringerer als der Kosmos. Er kennt unsere Wünsche, und er wird uns zu unserer Seelenliebe führen, sofern wir bereit sind, den Weg bis ans Ende zu gehen. Folgen Sie Gundula Schatz in eine neue Welt und lassen Sie sich entführen in die geheimen Mechanismen kosmischer Wirkprinzipien.

Über die Autorin:

Gundula Schatz, geboren 1971, ist Gründerin und Leiterin des *Waldzell Institutes*, das herausragende Menschen unterschiedlicher Disziplinen zum Dialog einlädt, wie zum Beispiel den Dalai Lama, Paulo Coelho, Isabel Allende sowie zahlreiche Nobelpreisträger und Wissenschaftler. Das spezielle Interesse von Schatz liegt in der Entwicklung einer ganzheitlichen Denk- und Lebensweise.

GUNDULA SCHATZ

Himmlische Liebe

Wie der Kosmos Ihren Partner findet

Mehr über unsere Bücher:
www.trinity-verlag.com

Mix
Produktgruppe aus vorbildlich
bewirtschafteten Wäldern und
anderen kontrollierten Herkünften

Zert.-Nr. SGS-COC-1940
www.fsc.org
© 1996 Forest Stewardship Council

© 2010 Trinity Verlag in der Scorpio Verlag
GmbH & Co. KG, Berlin · München
Umschlaggestaltung: Hauptmann & Kompanie
Werbeagentur, Zürich
Satz: BuchHaus Robert Gigler, München
Druck und Bindung: Pustet, Regensburg
ISBN 978-3-941837-07-2

Inhalt

Vorwort   9

1. KAPITEL

Traumpartner, verzweifelt gesucht   16
Wie Sie Ihre inneren Programme überwinden

Gefangen im Beuteschema   17
Glück mit Verfallsdatum   23
Das Geheimnis der Seele   27
Der Wunschzettel der Liebe   32
Wenn die Seele sucht   37

2. KAPITEL

Das Chaos der Gefühle   43
Wie Sie Emotionen von Liebe unterscheiden

Die Macht der Gefühle   44
Im Labyrinth der Emotionen   47
Liebe ist mehr als ein Gefühl   54
Verführerische Gefühle   59
Unendliche Lust   67

3. KAPITEL

Im Netz der Energien   79
Wie Sie kosmische Kräfte entdecken

Die Legende vom Schicksal   80
Das Rätsel der Energien   85
Die Wiederentdeckung des Kosmos   91
Mentale Energien   96
Erschaffende Energien   105

4. KAPITEL

Magisch angezogen   110
Wie Sie durch Resonanz zum Partner geführt werden

Alles schwingt   111
Das Wesen des Energieaustauschs   116
Die Resonanz des Glücks   121
Einschwingen   126
Bewusstwerden der Liebe   132

5. KAPITEL

All you need is love   136
Wie Sie Ihre große Liebe schützen

Das erwachte Bewusstsein   137
Rollenspiele ablehnen   140
Gott schützt die Liebenden   143
Die Liebe wachsen lassen   148
Liebesrituale   153

6. KAPITEL

Das Geheimnis des Glücks 159
Wie Sie grenzenlose Harmonie finden

Im Kosmos der Harmonie 160
Demut und Stärke 165
Entgrenzung 171
Harmoniequellen 175
Für immer und ewig 179

Nachwort 183

Vorwort

Dieses Buch wird Ihr Leben verändern. Es wird Ihnen den Weg zum höchsten Glück öffnen – und zu dem Partner, mit dem Sie Ihr Glück teilen können. Vor allem aber werden Sie einen wunderbaren Menschen kennenlernen, der das Glück bereits in sich trägt: Sie selbst.

Noch sind Sie auf der Suche. Noch ist das Glück für Sie ein großes Rätsel. Die gute Nachricht ist: Sie stehen kurz davor, den Schlüssel zum Geheimnis des Glücks in Händen zu halten.

Freuen Sie sich darauf. Denn Sie werden den Menschen finden, der für Sie geschaffen ist. Sie werden ihn auf ganz andere Weise treffen, als Sie denken. Und Sie werden eine Beziehung mit ihm aufbauen, die sich von allen Ihren bisherigen Beziehungen unterscheidet: eine starke, unzerstörbare Liebe, in Freude und Harmonie.

Das sind große Worte, ich weiß. Was mich so sicher macht: Das Universum, in dem wir leben, ist mehr als ein chaotisches Durcheinander von Zufällen. Es ist ein faszinierendes System, das von Energien und Resonanzen durchwoben ist. Wir alle bewegen uns in einem Netz starker Kräfte. Wenn Sie diese Kräfte zu den Ihren machen, sind Dinge möglich, die alles übersteigen, was Sie bisher für möglich gehalten haben.

Bald schon werden Sie erkennen: Auch Sie sind Teil dieses unsichtbaren Systems universaler Energien.

Schritt für Schritt werden Sie in diesem Buch entdecken, welche wundersamen Wirkgesetze das Universum steuern und wie Sie diese Gesetze für sich nutzen können. Sie werden lernen, harmonisch im Einklang mit dem Kosmos zu schwingen – bis Sie eines Tages vor dem Menschen stehen, den Sie sich in Ihren kühnsten Träumen ausgemalt haben.

Dieser Mensch wird Ihre seelische Ergänzung sein, weil der Kosmos ihn für Sie bestimmt hat: als liebendes Pendant, mit dem Sie verschmelzen, ohne sich selbst aufzugeben.

Das klingt geradezu märchenhaft, nach der Erfüllung aller Wünsche. Möglicherweise haben Sie Zweifel, dabei spüren Sie im Grund Ihres Herzens: Es gibt ihn, den Traumpartner, nach dem Sie sich immer gesehnt haben. Nur: Wo steckt er eigentlich? Warum zeigt er sich nicht? Und wie finde ich ihn?

Diese Fragen bewegen Millionen von Menschen, die rastlos auf der Suche sind. Sie fahnden nach dem Partner ihrer Träume und lassen wahrlich nichts unversucht: In Fitnessstudios, auf Flohmärkten, Singlepartys und in Dating-Hotlines sind sie unterwegs, sogar an der Käsetheke im Supermarkt halten sie Ausschau. Traumpartner, verzweifelt gesucht.

Kommt Ihnen das bekannt vor? Es würde mich nicht wundern, vor allem dann, wenn Sie eine Frau sind. Die Zahl der weiblichen Singles steigt, und oft trifft es gerade attraktive, intelligente Frauen. Ungewollt leben sie allein. Sie finden einfach nicht den Mann, der zu ihnen passt. Es gelingt ihnen nicht, eine glückliche Beziehung zu leben, das Dream-Team der Liebe, das absolute Erfüllung verspricht.

Verlockende Angebote gibt es genug, schließlich steigt die Zahl der männlichen Singles ebenfalls kräftig an. Auch Männer sind auf der Suche, auch sie kennen die Sehnsucht nach einer Liebe, die nie endet.

Leider jedoch sind auf dem Highway der Herzen jede Menge Geisterfahrer unterwegs, Männer, die auf Abenteuer und Affären aus sind. Unfälle sind da vorprogrammiert, vom Bagatellcrash bis zum Totalschaden. Denn die meisten Frauen wollen keinen Lebensabschnittspartner, keinen Pausenclown und keinen Minutensnack. Sie wollen mehr. Sie wollen alles.

Diese Frauen haben völlig recht. Sie wünschen sich den einen Mann mit dem unwiderstehlichen Talent, sie für immer glücklich zu machen – weil es ihn tatsächlich gibt. Doch dieser Mann bleibt meist unsichtbar. Irgendetwas scheint da gewaltig falschzulaufen. Endstation Sehnsucht?

Sie haben es vermutlich schon selbst erlebt: In der großen Lotterie der Gefühle entpuppt sich so mancher Mr. Wonderful bei näherem Hinsehen als Niete. Ein Sechser im Liebeslotto ist so selten wie

Schnee im August. Viel öfter beschert uns die flüchtige Verliebtheit schon nach kurzer Zeit den großen Katzenjammer.

Wir reiben uns die Augen: Soll das etwa alles gewesen sein?

Aus eigener Erfahrung weiß ich: Bei der Fahndung nach dem Glück unterlaufen uns immer wieder verhängnisvolle Ermittlungsfehler. Offensichtlich haben wir das falsche Fahndungsraster. Wir entwickeln genaue Vorstellungen vom idealen Partner und laufen nur zu oft einem Trugbild nach. So reiht sich Enttäuschung an Enttäuschung.

Offen gestanden war auch ich jahrelang auf der Suche. Auch ich jagte jahrelang einem Phantom hinterher, mit leerem Herzen und wunder Seele.

Bis ich eines Tages genug hatte. Ich wollte den Dingen auf den Grund gehen, denn ich ahnte, dass ich mein Scheitern keinem schlechten Karma verdankte, sondern einem Systemfehler, der in mir selbst lauerte.

Ich hatte Glück, weil ich Menschen kennenlernte, die sich auf einer spirituellen Ebene mit dem Rätsel der Liebe beschäftigten. Es waren Wissende, die mir etwas Entscheidendes voraushatten: Sie kannten jene Kräfte, die uns in Kontakt mit der Harmonie des Kosmos bringen. Sie wussten um tiefe Geheimnisse, die uns den Sinn des Lebens und die Magie der Liebe enthüllen. Und sie weihten mich ein in das Mysterium des ewigen Liebesglücks.

Dieses Mysterium möchte ich Ihnen in diesem Buch offenbaren. Keine Sorge: Sie müssen weder

Räucherstäbchen anzünden noch bei Vollmond durch den Park tanzen. Was ich Ihnen vielmehr zeigen werde, ist eine spirituelle Lebenskunst, die auf der unendlichen Macht unserer seelischen Energien beruht.

Wenn wir diese Energien erkennen, haben wir unser Schicksal in der Hand. Wenn wir sie nutzen, können wir alles erlangen, auch das höchste Glück.

Ganz egal, wie alt Sie sind, ob Sie schon einmal verheiratet waren oder nie fest gebunden, ob Sie charmant oder spröde, patent oder romantisch sind: Jeder kann diese Erkenntnisse für sich nutzen.

Auch Sie können den Partner finden, der Ihnen zugedacht ist. Auch Sie haben die Begabung zum Glücklichsein – vorausgesetzt, Sie wissen um die himmlische Liebe, die der Kosmos für Sie bereit hält.

Liebe ist eine Himmelsmacht, so besingen es unzählige Schlager, so verkünden es Hollywoodfilme und Romane. Sie beschwören ein gütiges Schicksal, das die glückliche Heldin förmlich über den idealen Liebespartner stolpern lässt.

So müsste es sein, seufzen wir: Liebe auf den ersten Blick, ein Kuss bei Sonnenuntergang, und der Vorhang schließt sich über einem wunderschönen Happy End.

Ja, Liebe ist wirklich eine Himmelsmacht. Doch sie ist es auf eine ganz andere Weise, als Sie vielleicht meinen. Wenn Sie den Mann Ihrer Träume finden, so ist das weder Schicksal noch das Ergebnis verzweifelter Suchaktionen. Es ist das Geschenk eines Kosmos, der es gut mit Ihnen meint. Er kennt Ihren Partner. Und er führt Sie zu ihm, mit traumwandlerischer Sicherheit.

Dafür müssen Sie vorbereitet sein. Dann wird der ideale Partner Ihnen begegnen, und Sie wissen: Das ist er. Das ist der Mann, nach dem ich mich ein ganzes Leben lang gesehnt habe.

Lehnen Sie sich zurück. Ihre Suche wird bald ein Ende haben. In diesem Buch erfahren Sie alles über das Geheimnis verborgener Anziehungskräfte, das als kosmische Resonanz wirkt und jedem zugänglich ist.

Mit vielen Beispielen werde ich Ihnen zeigen, wie Sie sich durch Selbsterkenntnis und energetische Arbeit auf den Partner einstellen, den Sie sich aus tiefster Seele wünschen. Ich werde Ihnen auch zeigen, wie Sie das Glück halten. Der Kosmos kennt nämlich nicht nur Ihren Partner, er stellt Ihnen auch alle Kräfte zur Verfügung, um mit ihm zusammenzubleiben. Für immer.

Dieses Buch richtet sich vorrangig an Frauen, doch ich möchte es auch Männern ans Herz legen.

Männer sehnen sich genauso wie Frauen nach einer stabilen Partnerschaft, in der sie Rückhalt und Geborgenheit finden. Im Unterschied zu Frauen geben sie das allerdings nicht so gern zu. Sie meinen, Stärke vorspielen zu müssen, um in den Augen der Mitwelt zu bestehen. Deshalb geben sie lieber den Macho mit wechselnden Affären und beteuern ihre Unfähigkeit zu festen Bindungen.

Wenn auch das Gefühlsleben von Männern und

Frauen oft durch tiefe Gräben getrennt erscheinen mag: In jedem Menschen ist die Sehnsucht nach einer Seelenverwandtschaft verwurzelt. Jeder Mensch hofft auf eine Liebe, die ewig ist. Männer und Frauen können einander finden und ergänzen, weil das die Bestimmung des Menschseins ist.

Der Mensch ist nicht einfach ein intelligentes Tier. Er hat Bewusstsein, und er hat eine unsterbliche Seele. Der Weg des Glücks ist daher zugleich der Weg seelischer Selbsterkenntnis. Jenseits von Flirts und Affären, jenseits von wechselnden Partnerschaften und schmerzhaften Trennungen existiert eine Liebe, die ihren Sitz in der Seele hat.

Entdecken Sie gemeinsam mit mir Ihre liebende Seele. Reisen Sie mit mir in die tief verborgenen Schatzkammern Ihres Ichs, wo Sie ein schimmerndes Juwel finden werden: die Fähigkeit zum universalen Glück.

Ich wünsche Ihnen eine spannende Lektüre!

1. KAPITEL

Traumpartner, verzweifelt gesucht

Wie Sie Ihre inneren Programme überwinden

Es war ein festes Ritual: Jeden Samstagnachmittag traf ich mich mit drei Freundinnen in einem Kaffeehaus. Während wir einen Latte Macchiato nach dem anderen tranken, erzählten wir uns das Neueste von dem, was wir leicht flapsig die »Männerfront« nannten.

Eine Front war es wirklich, denn wir befanden uns im Krieg. Genauer gesagt, standen wir auf Kriegsfuß mit Männern.

Alle waren wir Singles – unfreiwillige Singles. Und alle hatten wir unsere leidvollen Erfahrungen. Salopp gesagt, wimmelte unser Leben nur so von hirnlosen Machos und raffinierten Hochstaplern. Doch das Seltsame war: Mit schöner Regelmäßigkeit fielen wir auf sie herein.

Wir ließen uns umgarnen von ihrem Charme. Wir erlagen ihren Verführungen. Wir glaubten immer wieder, was sie uns versprachen: ein glückliches Leben im Doppelpack, und das für immer.

Uns allen war klar, dass wir dauerhafte Beziehungen wollten. Insgeheim träumten wir sogar von einer Hochzeit in Weiß, mit roten Rosen, weißen

Tauben und einer siebenstöckigen Hochzeitstorte. Doch statt Eheringen holten wir uns nur blaue Flecken auf der Seele. Und mit jeder Enttäuschung wuchsen die Zweifel.

Gab es denn nur noch die »Falschen«? Waren die »Richtigen« alle schon vergeben? Hatten wir irgendetwas verpasst?

Damals lautete unser Lieblingsspruch: »Es gibt zu viele Würstchen auf dieser Welt. Und zu wenig Senf.« Mit solchen Sprüchen trösteten wir uns über die Unfälle der Gefühle hinweg. Über halbherzige Fast-Beziehungen. Über Lover, die nie wieder anriefen. Über gewissenlose Eroberer, die Frau und Kind daheim hatten.

Komischerweise waren wir alle starke Frauen. Wir waren keine Weibchen, die bei der kleinsten Dosis Testosteron in Ohnmacht fielen. Wir wussten, was wir wollten, doch der Wille allein reichte offenbar nicht, um unsere Wünsche zu erfüllen. Leider war das Leben kein Onlineshop, in dem man sich den Richtigen bequem bestellen konnte.

So waren wir fast schon drauf und dran aufzugeben. Happy Ends gab es nur in Hollywood. In Wien, Hamburg oder Ingolstadt war so etwas anscheinend nicht vorgesehen.

Gefangen im Beuteschema

An einem dieser Samstagnachmittage war meine Freundin Ulrike ungewöhnlich schweigsam. Ulrike war eine äußerst attraktive Frau, zierlich, mit langem pechschwarzen Haar. Eine wahre Beauty, noch dazu mit Geist und Humor begabt. Uns war es ein Rätsel, warum sie sozusagen unvermittelbar sein sollte.

Nachdem wir eine Weile die aktuellen Ereignisse ausgetauscht hatten, sprach ich sie an.

»Und du?«, wollte ich wissen. »Was ist bei dir passiert?«

Ulrike zuckte mit den Schultern. Dann sagte sie: »Nichts. Aber ich habe mal über meine letzten Dates nachgedacht. Tja, viele waren es nicht. Mir ist aufgefallen, dass die Männer alle eine gewisse Ähnlichkeit hatten: groß, dunkelhaarig, breite Schultern, ritterliches Verhalten.«

»Ja, und?«, fragte Kerstin. Sie war alleinerziehende Mutter und suchte schon seit Jahren nicht nur den Traumpartner, sondern noch dazu den Traumvater für ihren Sohn. Leider vergeblich.

»Ich glaube, dass ich mich immer in denselben Typ Mann verliebe«, sagte Ulrike. »In den falschen Typ Mann, wohlgemerkt. Sonst wäre ich ja jetzt mit einem fest zusammen.«

»Aha, immer dieselbe Baureihe«, witzelte Nicole, die kühle Blonde unserer Runde.

»Könnte man so sagen«, erwiderte Ulrike kleinlaut.

»Du hast ein Beuteschema!«, rief Kerstin.

Wir erstarrten. Beuteschema. Jede von uns hatte schon davon gehört. Es war ein Modewort, und noch dazu ein ziemlich ärgerliches. Es klang so, als wären wir Tiere, die blind ihren Instinkten folgten. So wollten wir uns nun wirklich nicht sehen. Wir waren denkende Frauen, keine Affen oder Raubkatzen. Mit dem Paarungsverhalten solcher Kreaturen wollten wir absolut nichts zu tun haben.

Lange diskutierten wir darüber. Waren wir nicht selbstbestimmte und selbstbewusste Frauen? Oder wurden wir am Ende doch von irgendwelchen Instinkten gesteuert? Konnte es wirklich sein, dass wir zum Opfer unseres eigenen Beuteschemas wurden?

Heute weiß ich: Es sind nicht Instinkte, denen wir unbewusst folgen, es sind innere Programme. Jedes Mal, wenn ein Mann unser Herz schneller schlagen lässt, aktiviert er einen ganz speziellen Programmablauf. Es ist wie eine chemische Reaktion. Schlagartig sind wir davon überzeugt, dass es diesmal klappen wird mit der großen Liebe.

Erst später stellen wir fest: Eine Falle schnappte zu, die Liebesfalle. Wenn man denn überhaupt von Liebe sprechen kann, angesichts von Gefühlen, die so heftig und so flüchtig sind wie ein Frühlingsgewitter.

Mit dem inneren Programm ist es nämlich eine vertrackte Sache: Es führt uns in die Irre.

Nur sehr wenig von den Programmen verdanken wir unseren Instinkten. Zwar gibt es ein evolutionäres Erbe, das uns nahelegt, starke, gesunde, große Männer anziehend zu finden. Wir sollen aus dem Genpool den bestausgestatteten Erzeuger herausfischen, einen, der uns wohlgeratene Nachkommen schenkt und seine Familie beschützen kann. Mutter Natur ist vor allem an Babys interessiert.

Andererseits gibt es mehr als genug Männer, die diesem Bild nicht entsprechen. Sie sind klein und rund oder schmal und feingliedrig, und sie erfüllen in keiner Weise das Ideal eines Tarzans in Nadelstreifen. Seit der Steinzeit haben sich glücklicherweise ein paar Dinge gewaltig geändert. Männer müssen nicht mehr Mammuts erlegen können oder Nebenbuhler mit der Keule erledigen.

Was Herz und Herz in Wahrheit zusammenführt, ist ein Zusammenspiel unterschiedlichster Faktoren. Ob sie ausreichen, um einen Mann anziehend wirken zu lassen, hängt ganz von der individuellen Prägung einer Frau ab. Regeln gibt es also nicht. Was hat es dann mit den Programmen auf sich?

Wir alle tragen in uns ein Urbild des idealen Partners. Dieses Bild ist ziemlich exakt.

Die eine Frau bevorzugt vergeistigte Intellektuelle mit hoher Stirn und Brille, die andere den lebenslustigen Kumpel mit leichtem Hang zum Übergewicht, die dritte fliegt vielleicht auf schweigsame Sportskanonen. Nahezu alles kann anziehend wirken – selbst verurteilte Mörder erhalten körbeweise Liebesbriefe ins Gefängnis.

Kurz gesagt, setzt sich das jeweilige Idealbild zusammen aus äußerer Erscheinung, Charaktereigenschaften und gesellschaftlicher Stellung.

Entscheidend ist, dass diese Männer etwas in uns auslösen. Denn auf die eine oder andere Weise entsprechen sie dem Programm, das wir in uns gespeichert haben.

Innere Programme werden in frühester Kindheit angelegt, durch den liebevollen Vater, durch den Bruder, der unser bester Kumpel war, vielleicht auch durch den furchtbar netten Patenonkel, der nie das Geburtstagsgeschenk vergaß.

Sieh sie dir genau an, so sehen sie aus, die Richtigen, wird in unser Unterbewusstsein eingeschrieben.

Wir machen also positive Erfahrungen und verknüpfen sie später mit Männern, die den einstigen positiven Figuren ähneln – und daher gute Perspektiven versprechen. Also heißt es: Augen auf!, wenn jemand auftaucht, der an sie erinnert.

Unser Gehirn ist bestens ausgerüstet für solche Programmierungen. Sie laufen in einem speziellen Areal des limbischen Systems ab, der Amygdala. Diese Zone des Hirns gehört zu unserem ältesten genetischen Erbe.

In der Amygdala werden pausenlos Bewertungen vorgenommen: Was ist wichtig, was ist unwichtig? Was tut uns gut, was nicht? Dabei versehen wir alle Menschen, die uns begegnen, regelrecht mit einer emotionalen Codierung: »Fühlt sich gut an, macht glücklich«, oder »fühlt sich schlecht an, hoher Unglücksfaktor!«

Die Amygdala sendet entweder SOS, wenn später jemand Ähnliches auftaucht, oder sie gibt grünes Licht für die Kontaktaufnahme.

So kommt es, wie es kommen muss: Wer den Mathematikunterricht als Qual empfand, wird später um jeden Mann, der dem verhassten Mathematiklehrer gleicht, einen großen Bogen machen. Hatte die beste Freundin aus Kindertagen rote Locken, wird man fortan jeder rotgelockten Frau mit freudigen Erwartungen begegnen.

Die Amygdala reagiert umso stärker, je intensiver die Gefühlseindrücke sind. Was uns im positiven Sinne emotional erregt, wird wie in einem rosaroten Archiv abgespeichert. Von nun an ist es der Liebescode, dem wir unbewusst folgen.

Die hirnphysiologischen Voraussetzungen sind nicht das Einzige, was uns feste Programme aufdrängt. Hinzu kommen die vielen Werturteile, die uns anerzogen werden. Wir haben tief verinnerlicht, was uns mit den besten Absichten beigebracht wurde, nämlich brav auf ausgetretenen Pfaden zu wandeln.

In der Kindheit sind es besorgte Mütter, später wohlmeinende Freundinnen, die alles daran setzen, uns mit Kriterien zu überschütten. Die sind so vorhersehbar wie ein Verkehrsstau am Freitagabend: Wildere nicht in unsicheren Gebieten, bleib bei dem, was du kennst. Und achte auf das magische Dreieck: toller Job, großes Haus, schneller Wagen.

Wir reden uns ein, wir bräuchten einen Partner, der zu uns »passt«, weil er den richtigen Beruf, die richtige Bildung und die richtigen Hobbys hat. In Wirklichkeit hecheln wir meist Klischees hinterher.

Gleich und Gleich gesellt sich gern, weiß der Volksmund. Der ideale Partner soll umfassend kompatibel sein. Doch auch das Gegenteil ist richtig: Gegensätze ziehen sich an. Wir suchen also gleichzeitig das aufregend Fremde und das beruhigend Vertraute.

Die richtige Mischung aus Übereinstimmung

und Fremdheit ist der Cocktail, der uns berauscht. Wenn dann noch Mütter und Freundinnen begeistert sind, ist das wie das Schirmchen auf dem Cocktailglas.

Es wäre alles in schönster Ordnung, wenn unser persönliches Programm uns zweifelsfrei zum idealen Partner führen würde. Doch ganz offensichtlich leitet uns das innere Navigationssystem in die finstersten Sackgassen. Dort wird erst ein bisschen Porzellan zerschlagen, später geht dann die ganze Beziehung zu Bruch.

Die Scheidungsraten klettern Jahr für Jahr auf neue Höchststände. Dabei zählt die Statistik nicht einmal die unzähligen Beziehungen auf Zeit, die in keinem Standesamt abgestempelt werden. Und wie viele unfreiwillige Singles auf der Suche sind, darüber gibt es nur Vermutungen.

Glück mit Verfallsdatum

Was ist da los? Warum hat der Mensch der Gegenwart verlernt, wie man eine dauerhafte Partnerschaft aufbaut? Warum gibt es so wenige glückliche Paare? Und warum gehören Trennungen zur Tagesordnung?

Die auffälligen Ermüdungsbrüche vieler Beziehungen haben längst Soziologen und Psychologen auf den Plan gerufen. Sie schlagen Alarm: Der moderne Mensch, orakeln sie, habe eben seine Schwierigkeiten, sich zu binden. Es gebe zu viele Optionen, etwas Besseres zu finden, das Leben sei sowieso kompliziert, und überhaupt sei die Liebe eine romantische Erfindung. In Wirklichkeit sei sie Arbeit, harte Arbeit.

Vor allem Männern sagt man Bindungsunfähigkeit nach, aber auch Frauen sind offenbar nicht mehr bereit, den Bund fürs Leben als lebenslängliche Sicherheitsverwahrung hinzunehmen. Die Wahrheit ist: Die Ansprüche der Frauen wachsen. Sie wollen nicht irgendeinen Mann, sie wollen den einen Mann, der sie rundum glücklich macht. Sind die Ansprüche etwa zu hoch geschraubt?

Damals, bei unseren Nachmittagen im Kaffeehaus, waren wir uns jedenfalls einig: Wir scheiterten immer wieder mit unseren XXL-Träumen vom ewigen Liebesglück. Da schien es schon angebrachter zu sein, dass wir Kompromisse machten.

»Lieber ein bisschen Glück, als dauerhaft unglücklich«, brachte es Nicole auf den Punkt.

»Lieber zu zweit unglücklich als allein unglücklich«, ergänzte Ulrike mit einem gewissen Galgenhumor. »Inzwischen beneide ich sogar Paare, die nicht besonders harmonisch wirken. Immerhin sind sie nicht so einsam wie ich.«

Heftig debattierten wir über Ulrikes Vorschlag. Sollten wir uns wirklich damit abfinden, dass wir beim nächsten Mann die Zähne zusammenbissen? War es am Ende schlauer, eine unbefriedigende Partnerschaft zu akzeptieren? War es das wert? Nur, um nicht wie ein Mauerblümchen beim Abschlussball zu versauern?

Irgendetwas gefiel mir nicht daran. Ich wollte mir nicht ausreden lassen, dass es den Richtigen irgendwo gab. Andererseits lag auf der Hand: Dieser Richtige war nicht das Wunderwesen, das ich mir in stillen Stunden zusammenphantasierte. Meine Vorstellungen von Mr. Right ließen mich im Dunkeln tappen.

Nicole amüsierte sich bestens. »Ihr habt vollkommen recht mit dem Beuteschema«, erklärte sie. »Wenn ich ehrlich bin: Ich stehe auf Softies.«

»Wie bitte?« Gebannt warteten wir auf ihre Erklärung.

»Für mich soll ein Mann einfühlsam sein, ein Dinner für zwei kochen können, und er sollte vor allem gut zuhören«, erzählte Nicole. »Gerade neulich ist mir wieder so einer über den Weg gelaufen. Ich fing sofort Feuer. Und das, obwohl mir eine innere Stimme sagte: Lass die Finger davon, glücklich wirst du nicht mit ihm.«

»Das heißt – du hast dich in ihn verliebt, obwohl du ahntest, dass er nicht der Richtige war?«, fragte Kerstin.

Nicole zuckte die Schultern. »Ja, so war es wohl. Du weißt, dass Schokolade dick macht und dass du Bauchschmerzen davon bekommst – trotzdem kannst du nicht widerstehen. Er war die Premiumschokolade. Wir trafen uns ein paar Mal, aber schon bald war der erste Kick verflogen. Ich verstehe das nicht. Stellen wir uns denn wirklich so dämlich an?«

Allgemeiner Protest folgte. Wir waren schließlich Spezialistinnen. Wir hatten alle schon Beziehungen gehabt und verstanden es meisterhaft, ihre Sollbruchstellen zu analysieren. Das war der

Lieblingszeitvertreib in unserem »Latte-Macchia-to-Club«.

Wir hatten diverse Ratgeber konsultiert, Psychokolumnen verschlungen wie Pralinen und konnten die Dos und Don'ts für ein Leben zu zweit im Schlaf herunterbeten. Ganze Bücher hätten wir darüber schreiben können, warum es zwischen zwei Menschen nicht klappte mit dem Liebesglück. Aber nicht eine einzige Zeile hätten wir über gelingende Beziehungen zustande gebracht, auch das mussten wir uns eingestehen.

»Was ist eigentlich Glück?«, fragte Ulrike plötzlich.

Wir verstummten. Dann redeten wir alle wild durcheinander. Jede von uns hatte etwas beizusteuern. Kerstin, die alleinerziehende Mutter, nannte ihr Kind als größte Glücksquelle. Nicole, die in einer Werbeagentur arbeitete, fand ihr Glück in der Kreativität. Nur Ulrike schwieg. Und ich?

So ganz genau wusste ich es nicht. Natürlich kannte ich Glücksmomente, in denen ich die ganze Welt umarmen konnte. Dauerhaft waren sie nicht. Für mich war das Glück ein ebenso schöner wie zerbrechlicher Zustand, der im nächsten Moment schon wieder vorbei sein konnte.

So war es mir auch mit Männern ergangen. Es gab wahre Sternstunden, die ich mit ihnen geteilt hatte, doch sie waren selten und gingen viel zu rasch vorüber. Sie erschienen mir wie einsame Gipfel, die aus einer reichlich öden Landschaft herausragten.

Es war schließlich Ulrike, die eine überzeugende Antwort gab. »Glück«, überlegte sie, »stelle ich mir als Einklang der Seelen vor.«

Erstaunt sahen wir sie an. Einklang der Seelen? Was für eine hehre Vorstellung. Ich war wie elektrisiert. Intuitiv spürte ich, dass Ulrike recht hatte. Aber was bedeutete das? Und wie passte das zu den Programmen?

Ich begann daraufhin, mich näher mit meiner Seele zu befassen. Das war gar nicht so einfach. Wir besitzen Verstand, wir haben Gefühle, wir entwickeln Phantasien. Aber die Seele? War sie eine romantische Erfindung, wie die Liebe?

Die Seele musste der Kern des Ichs sein, so viel ahnte ich undeutlich. Aber es gab mehr als genug Schalen, die sich um diesen Kern abgelagert hatten. Die tausend Gedanken und Vorstellungen, die mich permanent beschäftigten. Die kleinen und großen Sorgen. Die Träume, die ich insgeheim hegte.

Wer war ich eigentlich, wenn ich das alles wegließ? Was machte meine Seele im Innersten aus?

Das Geheimnis der Seele

Als ich zum ersten Mal einem spirituellen Lehrer begegnete, stellte ich ihm die Frage nach der Seele. Er lächelte weise, dann nickte er. Ich hatte eine Schlüsselfrage angesprochen.

Seither sind viele Jahre vergangen. Mittlerweile weiß ich mehr, und dieses Wissen hat mich in einen anderen Menschen verwandelt. Oder, besser: Dieses Wissen hat mir gezeigt, dass sich in mir ein ganz anderer Mensch verbarg als der, den ich vorher kannte. Erst allmählich sah ich mich so, wie ich gemeint war. Und nicht als ein Ergebnis meiner Erziehung und als Spielball übernommener Vorstellungen.

Es war ein Abenteuer, das mich erwartete, eine aufregende Expedition in meine Seele. Ich lernte jeden Tag. Dabei vertiefte ich mich in zahlreiche religiöse Deutungen, in spirituelle Systeme und in die Geheimlehren der alten Mysterien. Allen war gemeinsam, dass die Seele der Schlussstein ihrer Theoriegebäude war.

Als ich die Essenz meiner Recherchen zusammenfasste, ergab sich eine Definition der Seele, die allgemeingültig ist: Im spirituellen Sinne ist sie unser kosmisches Bewusstsein und unsterblich. Sie manifestiert sich eine Weile in einem Körper, doch sie stirbt nicht, wenn der Körper stirbt. Sie lebt weiter, als Teil des Kosmos, aus dem sie stammt.

In einer der wichtigsten hinduistischen Schriften, der *Bhagavadgita*, heißt es entsprechend: »Die Seele ist ungeboren, uralt, immer dauernd. Sie wird nicht erschlagen, wenn der Körper erschlagen wird.«

Für Naturwissenschaftler war das freilich eine eher vage Vermutung. Erst mit der modernen Medizin kam man der Sache näher.

An der Grenze zwischen Leben und Tod, in den Grauzonen des Bewusstseins, geschehen offenbar seltsame Dinge. Man konnte sie aufzeichnen, als in einzelnen Fällen der Sterbeprozess rückgängig gemacht wurde: Ärzte spielten Lieber Gott und holten sterbende Menschen zurück ins Leben. Dann wurden sie nach ihren Erlebnissen gefragt.

Die Berichte der sogenannten Nahtod-Patienten klingen fast mystisch, doch sie alle sind erklärbar, wenn man die Unsterblichkeit der Seele anerkennt. In dem Augenblick, als die Patienten klinisch bereits tot waren, so berichteten sie, löste sich ihre Seele vom Körper und schwebte frei im Raum.

Die Patienten, die diese Erfahrungen zu Protokoll gaben, waren ganz normale Menschen. Sie waren weder besonders gläubig noch spirituell erleuchtet. Sie hatten ganz einfach erlebt, dass sich ihre Seele vom Körper trennte und dass sie alles wahrnehmen konnten, was rings um sie geschah – obwohl sie nach Einschätzung der Ärzte bereits tot waren, unempfänglich also für Wahrnehmungen.

Es sind faszinierende Geschichten. Seither haben sich viele Forscher daran gemacht, die Gründe zu erkunden. Handelt es sich um Halluzinationen? Um gnädige Illusionen? Sind die Erlebnisse der sogenannten Exkorporisierung ein letztes Gedankenkino, das den Übergang zum Tod erträglich macht?

Für spirituell geschulte Menschen liegen die Dinge anders, denn ihre Definition der Seele übersteigt medizinische und psychologische Erklärungen. Sie sind nicht im Geringsten darüber verwundert, dass Körper und Seele unabhängig voneinander existieren können. Die Seele ist für sie eine geistige Energie, die nicht an einen einzelnen Menschen geknüpft sein muss.

Für mich steht fest: Am Anfang allen Lebens stand die Urseele. Sie ist das erschaffende Bewusstsein, das unser Universum geformt hat. Sie ist der schöpferische Wille, der alles, was existiert, durchströmt.

Seit der Urknall den Kosmos erschuf, hat sich die Urseele auf Milliarden von Menschen verteilt. Dennoch sind wir alle ein Teil von ihr. Das verbindet uns mit dem Kosmos, und das unterwirft uns seinen Gesetzen.

Merkwürdigerweise hatte ich diese Zusammenhänge unbewusst gespürt. Ich hatte nie akzeptiert, dass die Seele nur ein Hochstaplertrick meiner Hirntätigkeiten sein sollte, ein Zufallsprodukt aus genetischen Anlagen und physiologischen Abläufen.

Natürlich war ich fasziniert, wenn ich etwas über Glückshormone und andere Botenstoffe las, die uns in einen Taumel der Glückseligkeit versetzen. Aber war das schon die Seele?

Und überhaupt: Wie passte die Liebe in dieses Bild? War sie eine innere Traumfabrik, in der die Hirnchemie die Rolle des Regisseurs übernahm? Inszenierten irgendwelche Botenstoffe Liebesgeschichten auf der weißen Leinwand meiner Gehirnzellen?

Auf der materiellen Ebene jedenfalls schien alles klar zu sein. Der Mensch war ein Zellhaufen, ein Chemielabor und ein elektrisch gepulstes System neuronaler Prozesse. Doch ließ sich die Seele derart simpel beschreiben? Etwas in mir rebellierte.

Immer tiefer stieg ich ein in die Geheimnisse der

Seele. Ulrikes Worte klangen in meinen Ohren: »Glück stelle ich mir als Einklang der Seelen vor.« Wenn es diesen Einklang gab, konnte er schwerlich dadurch entstehen, dass zwei Menschen die gleichen hirnchemischen Mixturen austauschten wie Kochrezepte.

Dann erkannte ich: Unsere Sehnsucht nach einem Partner ist im Grunde eine ganz andere Sehnsucht. Wir wollen wieder mit der Urseele verschmelzen. Wir möchten im Austausch stehen mit den ungeheuren Kräften des Universums und mit seinen gewaltigen Energien.

Die Seele sucht den Einklang. Und sie findet ihr Glück, wenn sie mit dem Pendant verschmilzt, das diese »Alleins-Erfahrung« möglich macht. Wahre Liebe ist Hingabe. Der Einklang der Seelen reißt alle Grenzen nieder. Wir geben und nehmen in völliger Balance und empfinden tiefe Harmonie. Das ist unsere Bestimmung. Und das ist das Geheimnis der Liebe, die nie vergeht.

Wohl jeder hat den Einklang mit dem Universum schon für Augenblicke gespürt. Während eines Sonnenaufgangs am Strand vielleicht, oder bei einem Spaziergang unterm Sternenhimmel. Wer erkennt, dass er ein lebendiger Teil des Universums ist, wird nie wieder allein sein. Er fühlt sich verbunden mit allem, was existiert.

Diese Erkenntnis veränderte mich. Vieles sah ich anders, auch meine zwiespältigen Erfahrungen mit der Liebe.

Seelische Liebe hatte ich nie kennengelernt, musste ich mir eingestehen. Ich hatte mich nie von meinen Programmen gelöst. Sie hatten mich beherrscht, und sie waren mächtiger, als ich es für möglich gehalten hatte. So hatte ich die Bedürfnisse meiner Seele vergessen.

Der Wunschzettel der Liebe

Schicht für Schicht machte ich mich nun daran, meine Programme zu entschlüsseln. Ich war verblüfft, wie genau meine Vorstellungskraft arbeitete: Das Aussehen, der Bildungshintergrund, die soziale Stellung, diese Faktoren waren in mir gespeichert wie eine Bauanleitung.

Ohne es zu wissen, hatte ich mir meinen Traumpartner förmlich gebastelt. Und sobald ein Mann in mein Leben trat, der dieser Bauanleitung entsprach, setzte ich alle Hoffnungen in ihn.

Das ist er! Das muss er sein! Greif zu, er ist das extra für dich angefertigte Sondermodell!

Sie finden das naiv? Dann machen Sie den Test: Wie sieht Ihr idealer Partner aus? Wie stellen Sie sich ihn vor? Groß und breitschultrig? Oder eher filigran? Soll er Nobelpreisträger sein, Tankwart, Apotheker? Muss er Ihren Eltern und Ihren Freunden gefallen? Soll er in Ihr Leben passen, so wie es ist?

Nun überlegen Sie, welchen Typ Mann Sie bisher bevorzugt haben. Was haben Sie sich von ihm versprochen? Wie sah die Glücksstrategie aus, die Sie in ihm vermuteten? War es eine konventionelle Beziehung mit Haus und Familie? Eine frei flottierende Partnerschaft, in der beide ihre Freiheit verteidigen? Ein anregendes, abwechslungsreiches Leben? Ruhe und Beständigkeit?

Ich bin immer wieder erstaunt, wie stark die inneren Programme wirken. Sie führen einerseits dazu, dass wir die immer gleichen Fehler wiederholen. Andererseits hindern sie uns daran, den richtigen Partner zu erkennen. Denn unaufhörlich gleichen wir das selbst gemachte Bild des idealen Partners mit den Männern ab, die uns begegnen.

Unbewusst scannen wir jeden Mann: Entspricht er unseren Vorstellungen? Gibt es eine maximale Übereinstimmung zwischen ihm und unserem Urbild des idealen Partners? Sogleich sortieren wir aus. Die meisten Männer verwerfen wir, ohne sie näher kennenzulernen. Wir geben ihnen nicht die geringste Chance.

Statt uns zu öffnen für das, was uns freundlicherweise angeboten wird, verschließen wir unsere Wahrnehmung. Wir legen ein Raster über die Wirklichkeit. Alles, was nicht in das Raster passt, ignorieren wir tunlichst, und so engen wir uns immer weiter ein.

Inzwischen haben viele Frauen die programmgesteuerte Partnersuche zu ungeahnter Perfektion getrieben, unterstützt von Flirtportalen und Partnervermittlungen im Internet. Wie auf einem Wunschzettel können sie auswählen, wie der Traummann auszusehen hat: Alter, Statur, Charakter, Hobbys, keine Frage bleibt offen, nichts wird dem Zufall überlassen.

Liebe auf den ersten Klick? Nein, Traum trifft Realität. Meist ist die Enttäuschung groß, wenn die

Kandidaten präsentiert werden. Obwohl sie alle Anforderungen erfüllen, scheint das Wichtigste zu fehlen. Obwohl das Internetportal den angeblichen Traummann auf dem Silbertablett serviert, vergeht uns der Appetit.

Geht es je um die Seele im Web? Lässt irgendein Mann erkennen, dass er einen seelischen Austausch möchte?

In den vergangenen Jahren habe ich mit vielen Frauen gesprochen, die gezielt im Internet unterwegs waren. Viel Zeit und Energie verwendeten sie darauf, ihr Suchraster zu verfeinern. Sie chatteten mit Wildfremden, schrieben unzählige Flirtmails und fanden dennoch nicht, was sie suchten – weil sie ihre Programme bedienten.

Nicole beispielsweise war ein richtiger Profi auf diesem Terrain. Da sie viel arbeitete und weder Zeit noch Lust hatte, sich auf allen möglichen Events herumzutreiben, checkte sie gleich bei mehreren Internetportalen ein, um den Mann fürs Leben zu finden.

Als erstes absolvierte sie ausgefeilte Psychotests. Jeder liebt Tests, auch ich. Nicole aber war vernarrt in diese Befragungen. Wie gefällt Ihnen dieses Gemälde? Mögen Sie es lieber in Rot oder in Blau? Welche Eissorte bevorzugen Sie? Fürchten Sie sich vor der Dunkelheit? Reisen Sie lieber nach Thailand oder ins heimische Gebirge?

Mit Feuereifer beantwortete Nicole alle Fragen. Am Ende sollte angeblich alles klar sein: Sie war nun durchschaubar wie Fensterglas, und alles wurde hübsch ordentlich auf einer Skala eingetragen, ihre Spontaneität, ihre Freizeitbeschäftigungen, ihr Wertesystem und ihre Ansprüche. Keine Fragen mehr.

Dann kam der Wunschzettel an die Reihe. Punkt für Punkt hakte sie ab: Größe, Haarfarbe, kinderlos, Nichtraucher, kein Detail übersah sie. Nun wartete sie gespannt. Und war völlig entgeistert, als sie die Ergebnisse überflog. Sie ging selbstverständlich davon aus, dass eine Mischung aus Ergänzung und Übereinstimmung zum Traumkandidaten führte. Was sie dann aber sah, ärgerte sie maßlos.

»Ich fühlte mich total missverstanden«, beschwerte sie sich. »Diese Männer waren alle, nun ja, uninteressant. Die meisten klickte ich gleich wieder weg. Dann machte ich die Tests noch einmal. Doch es blieb dabei: Die Ausbeute ging gegen null.«

»Vielleicht solltest du mal etwas Verrücktes schreiben«, gab Ulrike zu bedenken. »Schreib doch einfach das Gegenteil von dem auf, was du dir wünschst, und lass dich überraschen!«

»Damit ich einen kontaktscheuen Neurotiker im Jogginganzug kennenlerne, der seine Abende mit der Bierflasche vor dem Laptop verbringt?«, entgegnete Nicole entrüstet. »Nee, dann doch lieber der Wunschzettel. Pleiten habe ich genug erlebt.«

Aha, dachte ich, das war es also. Nicole wollte nicht nur einen geeigneten Mann finden, sie wollte das Risiko verkleinern, an den falschen zu geraten. Das klang effektiv, aber war es das auch?

Die inneren Programme kommen nicht von ungefähr. Sie sind ein Schutzmechanismus. Die Wahrheit ist: Die meisten Menschen haben Angst. Sie wollen nicht verletzt werden. Sie haben zu viele negative Erfahrungen gemacht und glauben, dass sie sich vor neuen Enttäuschungen bewahren, wenn sie im Vorfeld alles ausschließen, was störend sein könnte.

Ängste sind allerdings nichts anderes als Blockaden. Ängste hemmen uns und machen uns unfrei. Wir mauern uns ein. Wir versuchen, alles unter Kontrolle zu bekommen. Wir sind wie gefangen in unserem Suchraster und werden blind für das Glück, das oft zum Greifen nah ist.

Der Dichter und Philosoph Khalil Gibran schreibt: »Sicherheit und Selbstschutz sind das Ergebnis der Unzulänglichkeit, in der keine Intelligenz ist, in der es kein kreatives Denken gibt, in der ein ständiger Kampf zwischen dem ›Selbst‹ und der Gesellschaft stattfindet.«

Bleiben wir in unserer Angst befangen, so bedeutet jede Abweichung vom inneren Programm ein Risiko für uns. Paradoxerweise aber führt die Strategie, Risiken zu vermeiden, zu neuen Fehlern. Die freiwillige Selbstbeschränkung auf vermeintlich risikolose Beziehungen ist also ein großer Irrtum.

Öffnen können wir uns nur, wenn wir angstfrei sind. Wenn wir Vertrauen in unser Schicksal haben und die tiefe Überzeugung in uns tragen, dass es Kräfte gibt, die uns hilfreich zur Seite stehen.

Die Seele will etwas anderes als den maßgeschneiderten Mr. Perfect, den wir uns im Bastelkeller unserer Vorstellungen zusammensetzen. Die Seele sehnt sich nicht nach bestimmten Attributen. Sie sucht Freiheit und Bindung zugleich und fragt nicht nach Augenfarbe und Beruf.

Wie können Sie nun Ihre inneren Programme überwinden? Ist das überhaupt möglich? Oder sind wir dazu verurteilt, es ein Leben lang mit dem immer gleichen Männertypus zu versuchen?

Es wird Ihnen vermutlich nicht auf Anhieb gelingen, Ihre inneren Programme zu löschen. Das Bewusstsein ist nun mal keine Festplatte, die wir ohne Weiteres neu codieren können. Doch es ist bereits ein großer Schritt, wenn Sie Ihr individuelles Programm eingehend unter die Lupe nehmen.

Versuchen Sie's. Machen Sie sich Notizen. Führen Sie ein Tagebuch über Liebe, Verliebtheit und Sympathien und filtern Sie heraus, was das Symptomatische an Ihrem Liebesmuster ist. Erkenntnis ist der Anfang jeden Wandels.

Wenn die Seele sucht

Betrachten Sie den Partner Ihrer Träume auf seine Funktion hin. Was wünschen Sie sich, wenn Sie von ihm träumen? Was erwarten Sie konkret von ihm? Ich gebe Ihnen ein paar Hinweise.

Ist er der Versorger, der Sie von allen materiellen Nöten befreit? Ist er der Beschützer, der Sie vor den Gefahren einer unübersichtlichen Wirklichkeit bewahrt? Ist er der Entertainer, der Ihrem ereignislosen Leben eine neue Erlebnisqualität gibt? Oder ist es der Erlöser, der Sie aus Ihren persönlichen Problemen und Ängsten rettet?

Natürlich ist diese Aufzählung nur ein grobes Raster. Dennoch werden Sie sicherlich die eine oder andere Wunschfunktion wiedererkennen, die auch Sie einfordern. So unterschiedlich wir auch sind, wir neigen dazu, den potenziellen Partner als einen Menschen zu sehen, der unserem Leben eine positive Wendung gibt.

Daran ist nichts Verwerfliches, es ist sogar absolut menschlich. Problematisch am »Funktionsprogramm« ist allerdings, dass wir das Gelingen einer Beziehung an die Einlösung dieser Wünsche knüpfen. Und nur daran.

Deshalb sind wir verstimmt, wenn der großzügige Partner mit einem Mal in finanzielle Schwierigkeiten gerät. Wir sind enttäuscht, wenn die Beschützerrolle nicht so perfekt ausfällt, wie wir das gerne hätten. Wir wenden uns ab, wenn der strahlende Entertainer sich im Alltag als ein wortkarger Mann entpuppt. Und wir verzweifeln, wenn es der Partner nicht schafft, unsere Ängste und Probleme wie von Zauberhand verschwinden zu lassen.

Kurz gesagt: Das Programm stürzt ab. Nichts geht mehr, Mission impossible. Beim nächsten Mal sind wir dann schon vorsichtiger und checken im Vorfeld noch aufmerksamer, ob der Mann »funktionieren« wird.

Kerstin zum Beispiel würde niemals einen Mann akzeptieren, der eine feste Bindung ablehnt und lieber erst einmal abwarten möchte, wie sich die Beziehung entwickelt. Das will sie weder sich selbst noch ihrem Kind zumuten. Und Nicole sieht systematisch über alle Männer hinweg, die sie als zu dominant einschätzt, und die alle häuslichen Qualitäten vermissen lassen.

An dieser Stelle möchte ich Ihnen etwas Entscheidendes sagen: Die Bedürfnisse Ihrer Seele liegen jenseits der Programme. Ihre Seele sehnt sich nach einem Menschen, der Sie ergänzt und dem Sie sich völlig hingeben können – ohne Angst, dass Sie oder er versagen. Öffnen jedoch können Sie sich nur, wenn Sie die Bedürfnisse Ihrer Seele erkennen und ein Gespür dafür entwickeln, was Ihnen wirklich guttut.

Schließen Sie mit Ihrem alten Suchraster ab. Es kommt nicht darauf an, ob ein Mann bestimmte äußerliche Kriterien erfüllt. Es kommt nur darauf an, dass er Ihre Seele glücklich macht. Wie aber gelingt es Ihnen, Ihre seelischen Bedürfnisse zu erkennen?

Es war ein guter Freund, der Biophysiker Dieter Broers, der mir einen wichtigen Impuls gab. In zahlreichen faszinierenden Büchern hat er sich mit der Seele auseinandergesetzt. Ich verdanke ihm viel, denn er kennt unter anderem auch die Wirkmacht der Programme, die uns daran hindern, eine glückliche Seelenbeziehung aufzubauen.

Einmal erzählte er mir von einer Erfahrung, die er in einem sogenannten »Dark retreat« gemacht hatte. Dabei leben die Teilnehmer tagelang, manchmal sogar bis zu zwei Wochen im Dunkeln. Verständlicherweise löst das erst einmal Urängste aus. Wir orientieren uns im Alltag vor allem mit den Augen. Daher dauert es eine Weile, bis die Teilnehmer sich an die Dunkelheit gewöhnen.

Dann jedoch geschieht etwas Magisches: Sie beginnen, völlig anders zu kommunizieren. Sie fahren gewissermaßen Antennen aus, die sie sonst nie benutzen. Plötzlich sind sie empfänglich für seelische Schwingungen und nehmen die anderen Menschen mit der Seele wahr.

Dieter Broers sagte mir damals: »Wenn du dir den Partner deiner Träume in der Dunkelheit ausmalst, dann werden ganz andere Dinge wichtig. Du fragst nicht danach, wie er aussieht oder welch ein Auto er fährt. Alles, was zählt, ist der seelische Austausch. Du merkst auf einmal, wer dir guttut und wer nicht. Du fühlst dich spontan wohl bei dem einen – und wirst genauso spontan von jemand anderem abgestoßen.«

Was er mir mitgab, war ein wertvoller Rat: Wir sollten lernen, unsere Intuition zu schulen. Und die Augen schließen: In wessen Gegenwart fühlen wir uns gelassen, entspannt und angstfrei? Wem vertrauen wir? Wer meint es gut mit uns? Wer ergänzt uns?

Die Pointe ist, dass wir diese intuitiven Bedürfnisse ohne feste Vorstellung von einem bestimmten Partner entwickeln können. Stattdessen sollten wir uns fragen: Wie würde es sich anfühlen, ihm gegenüberzustehen? Was daran würde mich glücklich machen? Wer nimmt mir die Angst?

Dieter Broers, der ein hochspiritueller Mensch ist, empfahl mir, bei mir selbst anzufangen.

»Setz dich auf deinen Lieblingsplatz in der Na-

tur«, sagte er. »Auf eine besonders schöne Wald-
lichtung, an ein Flussufer, an einen einsamen
Strand. Dort kannst du allen Fernsteuerungen am
besten widerstehen. Nun erinnere dich an den
schönsten Moment deines Lebens. Tauche in diese
Erinnerung ein, bis sie dich ganz umhüllt. Genieße
die Freude, die dich durchströmt.«

»Und dann?«, fragte ich. »Wozu soll das gut
sein?«

»Dadurch verstärkst du das Selbst-Bewusstsein
deiner Seele«, erwiderte er. »Du entwickelst ein si-
cheres Gespür dafür, wie sich das seelische Glück
anfühlt. Dadurch lernst du, dieses Glück zu erkennen, wenn es dir begegnet. Viele wissen nämlich
gar nicht, was das ist, seelisches Glück.«

Entgeistert sah ich ihn an. »Das heißt, ich trai-
niere mein seelisches Glückspotenzial?«

»Genau das.« Er schmunzelte. »Fang am besten
gleich damit an.«

Ich tat es. Ich versenkte mich in meine kost-
barsten und glücklichsten Erinnerungen. Unbändi-
ge Freude kam in mir auf, als ich mir vor Augen
rief, was mich einst mit dem höchsten Glück be-
schenkt hatte.

Auf einmal verstand ich, was Dieter Broers gemeint hatte: Wir müssen regelrecht lernen zu spüren, ob ein Mann uns so glücklich machen kann
wie in jenen Momenten. Nur darauf kommt es an.

Hier nun kommen die Gefühle ins Spiel. Sind
sie nicht genauso gut geeignet, uns sicher zum richtigen Partner zu geleiten? Sind Gefühle nicht die
Sprache der Seele?

Im folgenden Kapitel werde ich Ihnen zeigen, wie Sie sich Gewissheit über Ihre Gefühle verschaffen und wie Sie dabei Ihre Seele besser kennenlernen. Sie werden staunen, welche bahnbrechenden Erkenntnisse Ihnen dadurch beschert werden.

2. KAPITEL

Das Chaos der Gefühle

Wie Sie Emotionen von Liebe unterscheiden

Sie überwältigen uns. Sie lassen unser Herz schneller schlagen, die Hormone Tango tanzen und unsere Haut erschauern: Gefühle. Nichts Schöneres kann es geben, als gute Gefühle zu spüren. Wohlbefinden, Glück, Liebe, es sind die wunderbarsten Empfindungen der Welt.

So erstaunt es nicht, dass wir unablässig nach Situationen und Menschen suchen, die uns positive Gefühle verschaffen. Wenn dann noch die Schmetterlinge im Bauch flattern, wissen wir: Liebe ist das stärkste Gefühl überhaupt – ohne Zögern würden wohl die meisten Menschen diesem Satz beipflichten.

Machen Sie sich darauf gefasst, dass Sie nun eine ganz andere Sichtweise kennenlernen: Liebe und Gefühl sind nicht das Gleiche. Und mehr noch, wer Liebe mit Emotionen verwechselt, verirrt sich in einem Labyrinth, aus dem er so schnell nicht wieder herausfindet.

Daher wird es in diesem Kapitel darum gehen, Ihre Gefühle auf den Prüfstand zu stellen. Ich gebe zu, das ist eine Operation am offenen Herzen. Und doch gehören Gefühle zu den größten Blockaden, die uns bei der Suche nach dem richtigen Partner im Wege stehen.

Das erscheint Ihnen absurd? Dann überlegen Sie einfach, welche Ihrer Gefühle bislang die längste Haltbarkeit hatten. Kennen Sie Gefühle ohne Verfallsdatum? Gibt es einen Menschen, mit dem sie sich unverbrüchlich verbunden fühlen? Was hat eigentlich Bestand?

Die Macht der Gefühle

Von Müttern höre ich oft, dass Mutterliebe unvergänglich sei, während die Liebe zu einem Mann schwinden oder ganz erlöschen könne. Das ist alles andere als sentimental. Mütter sind mit ihrem Kind über Kräfte verbunden, die universal wirken und sich niemals verflüchtigen.

Sicherlich merken Sie, worauf ich hinaus will: Mutterliebe ist mehr als ein flüchtiges Gefühl, das uns anweht. Sie ist existenziell. Sie füllt Herz und Seele aus. Und sie ist prinzipiell unzerstörbar, selbst dann, wenn Kinder die Erwartungen ihrer Eltern nicht immer erfüllen.

Kann es solch eine Liebe auch zwischen Mann und Frau geben? Oder müssen Beziehungen mit weniger auskommen? Ist die Liebe zwischen Mann und Frau nichts weiter als ein Trick der Natur, um uns zur Fortpflanzung zu zwingen?

Wenn es so wäre, könnten wir den Trick durchschauen. Dann würden wir sagen: Liebe kommt und geht, genießen wir also die Wonnen der Verliebtheit und machen uns anschließend aus dem Staub.

Es gibt sogar schon ein modisches Wort für Leute, die dieses Modell favorisieren. Man nennt sie »Lowcs«, abgeleitet aus »love without commitment« – Liebe ohne Verpflichtungen. So richtig verlockend klingt das jedoch nicht. Liebe im Wegwerfformat ist keine Alternative. Wie aber steht es um das Mysterium der ewigen Liebe?

Mit meinen Freundinnen der »Latte-Macchiato-Runde« sprach ich viel über Gefühle. Über Liebe und Hass, über Freude und Angst, über alle Facetten der Emotionen. Dazu gehörten auch die Gefühlsverwirrungen, die wir erlebten, Zustände blinder Verliebtheit, in denen wir nicht mehr klar denken konnten. Wir nannten das »die Macht der Gefühle« und nahmen sie wie eine Naturgewalt hin.

»Gegen Gefühle kann man sich nun mal nicht wehren«, sagte Nicole einmal, als wir über unsere unbefriedigenden Beziehungen sprachen. »Sie haben uns fest im Griff. Komisch nur, dass sie so wandelbar sind. Und dass sie unseren Verstand lahmlegen.«

Sie hatte ein großes Wort gelassen ausgesprochen. Jahrhundertelang haben sich Wissenschaftler mit dem Verstand des Menschen beschäftigt. Sie interessierten sich für das denkende, wissende Wesen Mensch, den Homo sapiens. Als Krone der Schöpfung machte ihn offenbar aus, dass er vernunftbegabt war, klug, intelligent. Oder wie es der Philosoph Descartes formulierte: »Ich denke, also bin ich.«

Erst seit einigen Jahren hat sich der Fokus des Interesses verschoben. Neuerdings erforschen rund um den Globus immer mehr Spezialisten das Gefühlsleben des Menschen. Was sie zutage förderten, gleicht einer Revolution des Menschenbildes.

Fest steht: Nahezu alles, was wir denken und tun, wird von Gefühlen beeinflusst, nicht vorrangig vom Verstand. Sogar die Wahrnehmung ist abhängig von Gefühlen. In umfangreichen Tests wurde bewiesen, dass glückliche Menschen ihre Umwelt wesentlich detaillierter wahrnehmen als unglückliche oder ängstliche. Eine depressive Person trägt gewissermaßen einen rabenschwarzen Schleier, durch den sie kaum etwas erkennt.

Starke positive Gefühle lassen uns besser lernen, stärken das Immunsystem und können uns zu geistigen Höchstleistungen beflügeln. Trauer und Angst dagegen lassen uns unkonzentriert werden, stören die Körperfunktionen und machen uns apathisch. Man könnte also den Satz von Descartes im Licht der Emotionsforschung umformulieren: »Ich fühle, also bin ich.«

Gefühle gelten heute als Schlüsselkompetenz des Menschen. Nicht von ungefähr sind wir stolz, wenn man uns emotionale Intelligenz bescheinigt. Wer fühlt und die Gefühle anderer über Empathie errät, gilt als sozial kompetent.

Psychologen sprechen von Gefühlen als einem »seelischen Immunsystem«. Damit meinen sie, dass Gefühle uns helfen, besser mit unserer Umwelt zurechtzukommen. Sie sind der Gradmesser, wie wir unsere Erlebnisse und unsere Mitmenschen bewerten. Empfinden wir Freude, Scham oder Angst? Ekel, Sympathie oder Lust? Von Fall zu Fall treffen wir dann andere Entscheidungen.

Gefühle dienen daher auch der Abgrenzung. Sie sind der innere Kompass, dem wir folgen. Meist geschieht das unbewusst. Jeder kennt das berühmte »Bauchgefühl«, das uns leitet. Wir spüren intuitiv, ob der neue Job uns guttun wird oder in einem Fiasko endet. Und wir ahnen sofort, ob eine neue Bekanntschaft vielversprechend ist oder nicht.

Im Labyrinth der Emotionen

Oft geraten wir jedoch in ein wahres Chaos der Gefühle, und das ausgerechnet in der Liebe. Die Verwirrung ist komplett: Wir sind verliebt und ärgern uns gleichzeitig über die Fehler des Partners. Wir genießen die Zuwendung und Aufmerksamkeit eines Mannes, dennoch fühlen wir uns beengt.

Kreuz und quer wogen die Gefühle. Aggression und Zärtlichkeit, Vertrauen und Angst, Hingabe und Abgrenzung, das alles ist möglich in einer einzigen Beziehung. Himmelhoch jauchzend, zu Tode betrübt, das kennen wir nur zu gut.

Warum gibt es diese Widersprüche? Warum löst die Liebe sie nicht ganz einfach wie in Luft auf?

»Liebe ist irrational«, sagte Nicole oft. »Sie macht uns halb wahnsinnig! Mal ehrlich: Was haben wir nicht schon alles aus Liebe getan? Es gibt sogar Frauen, die aus Liebe morden. Wer sich verliebt, ist eine tickende Zeitbombe.«

Ich gab ihr recht. Das, was wir unter dem Oberbegriff der Liebe zusammenfassen, ist in Wirklichkeit eine höchst explosive Mischung. Da der Verstand nur wenige Korrekturen vornehmen kann, sind wir dem Gefühlschaos oft geradezu ausgeliefert: »mixed emotions« beuteln uns, Gegensätze, mit denen wir nur schwer umgehen können.

Was die Sache erschwert: Gefühle sind radikal subjektiv. Unser Gefühlsleben ist unverwechselbar wie ein Fingerabdruck. Jeder lebt in seiner ganz eigenen Gefühlswelt wie unter einer Glasglocke, aus der heraus er die Wirklichkeit betrachtet.

Schon eine Einladung zum Abendessen kann völlig unterschiedlich bewertet werden. Der eine wird sie als anregende Veranstaltung empfinden, während sein Sitznachbar gähnende Langeweile oder sogar Unlust verspürt. Das führt häufig zu Reaktionen, die andere Menschen verwundern und irritieren. Verschiedene Gefühlswelten prallen aufeinander, und lange geht das nicht gut.

Wenn es um den Partner geht, wird es noch weit extremer. Ich fühle mich bei dir geborgen, signalisiert eine Frau ihrem Partner, ich möchte rund um die Uhr mit dir zusammen sein. Du klammerst, ist die Antwort, ich fühle mich wie im Beziehungsknast! Ich fühle, dass ich dir vertrauen kann, sagt ein Mann, tu, was immer du willst. Ihm ist egal, was ich tue, denkt die Frau enttäuscht, ist er denn gar nicht eifersüchtig, wenn ich allein ausgehe? Er liebt mich wohl nicht so richtig.

Sind Gefühle also etwas Schlechtes? Natürlich nicht. Gefühle gehören zum Menschsein wie Geist und Bewusstsein. Doch sie sind eine denkbar unsichere Quelle, um den richtigen Partner zu finden. Deshalb ist es unerlässlich, sie kritisch zu betrachten.

Blicken wir der Wahrheit furchtlos ins Auge: Was Sie bisher zu den falschen Partnern führte, waren Gefühle, die Sie trogen. Gefühle, die Ihnen etwas vorgaukelten. Und Gefühle, die Sie in tiefe Konflikte stürzten.

Das ist eine ungewohnte Interpretation. Wir sind davon überzeugt: Nie sind wir so authentisch wie in dem Moment, in dem uns starke Gefühle bewegen. Gefühle sind ein Echtheitssiegel des Individuums. Sie sind das Medium, in dem wir uns über uns selbst klar werden. Erst durch sie werden wir einzigartig.

Das ist alles richtig. Andererseits aber schwanken die Gefühle erfahrungsgemäß so stark, dass wir allen Grund haben, ihnen zu misstrauen. Sie kommen und gehen wie eilige Besucher, sie flammen auf und erlöschen wie Strohfeuer. Auch die Liebe.

Die Pointe ist: Gefühle gehören zu unserem inneren Programm. Selbst wenn die Liebe uns trifft wie Amors Pfeil, sind dabei eine Menge Illusionen im Spiel. Genauer gesagt, verlieben wir uns in ein Phantom. Der Mensch, den wir vor uns haben, erzeugt Gefühle, weil wir gewisse emotionale Reflexe haben, die wir nicht steuern können.

Moment, Gefühle als Reflexe? Sind sie denn gar nicht so authentisch? Nein, Gefühle haben eine äußerst seltsame Dynamik. Auf der Bühne unseres

Ichs entwickeln sie ein vitales Eigenleben und halten uns nur zu oft zum Narren. Lassen Sie mich ein Beispiel geben.

Ich gehe davon aus, dass Sie schon einmal im Kino bei einem Liebesfilm geweint haben. Oder dass sich Ihr Herzschlag beschleunigte, wenn Sie einen spannenden Thriller lasen. Mit Haut und Haar waren Sie innerlich beteiligt, obwohl Sie wussten, dass Sie einen Film sahen oder ein Buch lasen.

Verstehen Sie? Sie wurden überlistet von Ihrem emotionalen Programm. Die Tränen flossen, obwohl Ihr Verstand informiert war, dass Schauspieler Texte aus einem Drehbuch sprachen. Ihre Hände waren schweißnass, obwohl kein Zweifel darüber bestand, dass eine literarische Figur ausgedachte Abenteuer bestand.

Ein Großteil unserer Gefühle sind solche Reflexe. Sie lassen sich vor allem im Stammhirn und im limbischen System lokalisieren. Im Laufe der Evolution haben sie sich zu einem ausgeklügelten Reaktionsmuster entwickelt. Sympathie und Antipathie, Angst und Freude, Lust und Unlust, alle diese Emotionen haben sich seit Jahrtausenden bewährt, um das Überleben in einer gefahrvollen Wirklichkeit zu sichern.

Provokativ ausgedrückt, gehören Gefühle nicht der seelischen Sphäre an, sondern der körperlichen.

Der Neurologe Antonio Damasio hat bei der Erforschung dieser Tatsache wissenschaftliche Pionierarbeit geleistet. Durch experimentelle Studien fand er heraus: Freudige, ängstliche und abwehrende Reaktionen sind zunächst ausschließlich physiologisch erkennbar, als Schweißausbruch, Temperaturwechsel der Haut oder Änderung der Herzfrequenz. Noch bevor die Großhirnrinde bewusste Gefühle erzeugt, hat der Körper bereits reagiert – unbewusst.

Auch ob jemand Freund oder Feind ist, erzählen uns unsere Emotionen. In diesem evolutionären Programm ist nur wenig Raum für persönliche Gefühle. Liebe im seelischen Sinn ist dabei gar nicht vorgesehen.

Skeptiker meinen deshalb, dass die Liebe eine kulturelle Erfindung sei. Wir dekorierten den Fortpflanzungstrieb mit emotionalen Hirngespinsten, damit wir uns über Tiere erheben könnten. Die Liebe wäre dann eine hübsche Entschuldigung dafür, dass wir übereinander herfallen wie brünftige Primaten. Wir würden verklären, was in Wahrheit ein primitiver Trieb ist.

Hier muss ich vehement widersprechen. Wie Sie im Laufe dieses Buches erfahren werden, gibt es eine kosmisch gewollte, universale Liebe. Als Liebe der Seele ist sie jedoch gänzlich abgekoppelt von Trieben und gespeicherten Gefühlsreflexen. Sie ist im besten Sinne menschlich und gleichzeitig göttlich.

Halten wir fest: Gefühle sind kein Ausdruck unseres Seelenlebens, sondern werden reflexhaft in typischen Situationen erzeugt. Das Reaktionsmuster ist von der Evolution festgelegt – deshalb weinen wir im Kino, deshalb erhöht sich unsere Pulsfrequenz, wenn der Held eines Thrillers von seinem Widersacher überwältigt wird.

Gefühle entstehen unwillkürlich. Und sie sind kaum steuerbar, solange wir sie nicht infrage stellen.

Auch Zuneigung ist ein Reflex, oft auf der Basis persönlicher Erfahrungen. Psychologen nennen das »getriggert werden«. Tanzen wir mit einem Mann zu den Klängen eines Songs, der uns an glückliche Momente erinnert, durchflutet uns das gleiche schöne Gefühl wie damals. Wir bemerken nicht, dass wir gerade eine riesige rosarote Brille aufsetzen, durch die alles in sanftem, liebevollen Licht erstrahlt, auch der neue Mann.

Getriggert werden wir auch durch rote Rosen, durch das Dinner bei Kerzenschein, durch phantasievolle Liebeserklärungen. Stimmt die Kulisse, der Tonfall, die zärtliche Berührung, fährt das Kraftwerke der Gefühle hoch und produziert Emotionen, die wir für Liebe halten.

Und: Wir wünschen uns so sehr, dass wir positive Gefühle erleben, dass sie auflodern, sobald wir auch nur überlegen, ob wir vor dem Mann unserer Träume stehen. Ein Wechselspiel entsteht, das durch Selbstverstärkung funktioniert. Regt sich die erste Verliebtheit, können wir nicht mehr zurück. Ein Sog erfasst uns und schwemmt alles hinweg, was uns kritisch reflektieren lassen könnte.

Solche Sogwirkungen wurden früher als Liebeszauber bezeichnet, der nur durch Hexerei erklärbar schien. Entsprechend sagt man noch heute, jemand sei wie »besessen« vor Liebe – nicht die Engel, sondern die Teufel haben offenbar ihre Hand im Spiel. Auch die »amour fou«, die verrückte Liebe, zeugt davon, dass es den Menschen suspekt ist, dass jemand gleichsam liebestoll oder liebeskrank wirkt.

Bezeichnend ist, dass viele enttäuschte Frauen erzählen, ihr Partner sei im Laufe der Zeit regelrecht »entzaubert« worden. Mit anderen Worten: Der anfängliche Zauber weicht einer nüchternen Bestandsaufnahme – mit negativem Befund.

Aus dem absoluten Traumpartner wird ein ganz gewöhnlicher Mann mit allerlei altbekannten Macken. Aus dem ritterlichen Charmeur wird ein leidlich höflicher Zeitgenosse. Und der leidenschaftliche Liebhaber entpuppt sich langsam aber sicher als ein Mann mit recht unspektakulären Begierden.

Der »Zauber« ist buchstäblich ein emotionaler Zaubertrick, der uns einen Menschen in den glühendsten Farben wahrnehmen lässt. Lernen wir ihn näher kennen, verblassen die Farben, und die Normalität hat uns wieder. Oft dreht sich das Bild sogar: Alles, was wir einst attraktiv fanden, erscheint uns nun unerträglich.

Ich erinnere mich gut daran, wie Ulrike, meine Freundin der Kaffeehaus-Nachmittage, einmal davon erzählte. Sie hatte einen Mann kennengelernt, der eine unwiderstehliche Eigenschaft hatte: Er brachte sie zum Lachen. Wenn sie mit ihm zusammen war, hatte das Leben Leichtigkeit und Witz. Sein Humor inspirierte und beflügelte sie.

Bald nahmen sie eine kleine Wohnung in der Innenstadt und richteten sie gemeinsam ein, überzeugt, dass sie gefunden hatten, was sie suchten. Schon wenige Monate später kam das Aus.

»Ich ertrage seine ewigen Witzeleien nicht mehr«, klagte Ulrike. »Sein Unterhaltungstalent macht jedes tiefere Gespräch unmöglich. Außerdem geht es mir auf die Nerven, dass ich dauernd sein Publikum spielen muss. Das Lachen ist mir längst vergangen.«

Solche Entzauberungen sind symptomatisch, weil sie die anfänglichen Gefühle als faulen Zauber entlarven. Doch dann ist es zu spät. Wir stehen vor den Trümmern einer Beziehung und haben ein paar Narben mehr auf der Seele.

Das ist kein Anlass zu resignieren. Denn es gibt eine Liebe, die jenseits von Gefühlen existiert. Eine Liebe, die im Laufe der Zeit nicht schwächer wird, sondern sogar wächst. Ich spreche hier von einer Liebe, die gar nicht entzaubert werden kann, weil sie von Anfang an ohne jeglichen Gefühlszauber auskommt.

Willkommen in einer Welt, in der Sie mit den üblichen Verliebtheiten abschließen. Willkommen in einem Universum, das Ihnen mehr geben kann als Herzklopfen und Gänsehaut. Betreten Sie den Kosmos der unendlichen Liebe.

Liebe ist mehr als ein Gefühl

Es gehört zu den Merkwürdigkeiten unserer viel gepriesenen Wissensgesellschaft, dass wir mehr über scheiternde Beziehungen wissen als über glückliche.

Kein Wunder: Die meisten Theorien über Partnerschaften werden aus therapeutischen Gründen aufgestellt, daher analysiert man die vielen Probleme, die sich einstellen können. Weniger spannend scheinen jene Paare zu sein, bei denen es keinen Therapiebedarf gibt. Harmonie ist nett, aber langweilig. Nicht gerade der Stoff, aus dem atemberaubende Beziehungsgeschichten gemacht sind. Das denken wir jedenfalls.

Ist es nicht seltsam, dass kaum Bücher über gelingende Liebe geschrieben werden? Dass so gut wie kein Psychologe und kein Soziologe das Geheimnis einer starken Bindung untersucht? Mit starrem Blick auf Brüche und Probleme reiht sich Ratgeber an Ratgeber, in denen wir lesen, dass Beziehungen eine Dauerbaustelle sind.

All die gut gemeinten Beziehungsratgeber beschäftigen sich vorzugsweise damit, wie eine gefährdete Liebe gerettet werden kann. Es sind Reparaturanleitungen. Mit dem richtigen Werkzeug und dem richtigen Know-how, so wird uns gesagt, bringen wir den stotternden Motor der Beziehung schon wieder zum Laufen.

Die große Liebe dagegen, so wird es uns vermittelt, ist Zufall oder Schicksal. Glück gehabt, heißt es dann lapidar. Ihr habt es gut, Fortuna war euch wohlgesonnen. Eine Systematik aber scheint nicht vorzuliegen. Alles Zufall?

Ich selbst habe das Wichtigste über die Liebe gelernt, als ich begann, glückliche Paare anzuschauen. Als ich Fragen stellte, die man sonst nie stellt: Was hat euch aneinander angezogen? Wie habt ihr einander erkannt? Was war der Moment, in dem ihr euch völlig sicher über eure Liebe wurdet?

Die Antworten ähnelten einander auf verblüffende Weise. Allmählich setzte sich vor meinem inneren Auge ein Muster zusammen. Es unterschied sich von allem, was uns die Unterhaltungsindustrie mit ihren herzzerreißenden Schicksalsgeschichten weismachen will: Dass die Liebe wie ein Blitz einschlägt. Und dass es dann nur noch darum geht, ein paar Widerstände auszuschalten, um schließlich in Glück und Frieden zusammenzubleiben.

Was ich herausfand, kehrte alle meine Vorstellungen über die Liebe um. Die wahre Liebe, so erfuhr ich, ist mehr als ein Gefühl. Es verhielt sich alles ganz anders.

Am Anfang der glücklichen Beziehungen, die ich betrachtete, stand kein Blitzschlag. Kein einziger Schmetterling rumorte im Bauch. Kein Gefühlsrausch hatte meine Gesprächspartner überwältigt. Ihre Liebe begann dort, wo ich es am allerwenigsten erwartet hatte: bei den einzelnen Partnern selbst.

Die Menschen, die ich befragte, waren alle mit sich im Reinen gewesen, bevor der ideale Partner auftauchte. Sie hatten ihre Probleme geklärt, ihre Ängste und Schmerzkörper erkannt und ihr Leben in Ordnung gebracht. Nicht alle, aber viele von ihnen hatten sich auch spirituell mit ihrer Existenz auseinandergesetzt.

Sie wussten, wer sie waren. Sie kannten ihre Seele. Und sie waren glücklich, auch ohne Partner.

Ja, Sie haben richtig gelesen: Bereits ohne Partner waren sie glücklich und fühlten sich vollkommen. Das versetzte sie in die wunderbare Lage, dass sie niemanden suchen mussten, der sie erlöste. Sie brauchten keinen Menschen, der eine bestimmte Funktion übernehmen sollte, keinen Versorger, keinen Beschützer, keinen Entertainer. Und keinen »Glücklichmacher«. Sie lebten im Einklang mit sich selbst.

Überspitzt gesagt: Sie hatten all das selbst geleistet, was man normalerweise vom Partner erwartet, ja gewissermaßen verlangt. Sie waren auf niemanden angewiesen. Sie hofften nicht auf die Hand, die sie aus dem Sumpf ihrer Probleme zog. Stattdessen konnten sie gelassen auf den Menschen warten, der sie seelisch – und nur seelisch – ergänzte.

Ich glaube, es gibt kaum eine wichtigere Feststellung, wenn wir uns nach der großen Liebe sehnen: Solange wir mit uns hadern, solange unsere Seele unerlöst bleibt, brauchen wir einen Partner, der unser Leben verändert. Wir brauchen einen Retter. Und der wird sich naturgemäß damit schon bald als überfordert erweisen.

Ich kannte das von mir selbst und auch von meinen Freundinnen. Insgeheim hatten wir damals alle gemeint, ein Mann müsste der Prinz in der schimmernden Rüstung sein, der uns mit auf sein Schloss nimmt. Im Handstreich sollte er alles für uns erledigen: neben materieller Sicherheit und emotionaler Geborgenheit erhofften wir uns vor allem, dass er alle unseren inneren Konflikte auflöste.

»Ein Mann sollte Ordnung ins Chaos bringen«, sagte Nicole oft. »Manchmal weiß ich nämlich gar nicht, wo mein Leben eigentlich hinführt. Zum nächsten Job? Zu einer Familie? Ich schätze, die Antwort kann nur der richtige Mann geben.«

»Ein Mann sollte uns den Sinn des Lebens zeigen«, ergänzte Ulrike. »Was ich mir wünsche, ist ein Fels in der Brandung, jemand, an dem ich mich orientieren kann.«

Stimmte das? In Gedanken ging ich meine Beziehungen und die Beziehungen meiner Freundinnen durch. Ich erinnerte mich an die Debatten, die wir ausfochten, und kam zu dem Schluss: Wir waren an diesen Ansprüchen gescheitert. Wir hatten nach einem Prinzen mit überirdischen Fähigkeiten Ausschau gehalten.

Kein Mann ist fähig, die Prinzenrolle auszufüllen. Wie auch? Wer lässt sich schon gern instrumentalisieren? Wer spielt schon gern den Retter in der Not, wenn er einfach lieben möchte? Wer möchte schon die Verantwortung dafür übernehmen, dass eine Frau alle ihre seelischen Probleme loswird?

Sehr wahrscheinlich hatten die Männer ihrerseits ähnliche Erwartungen gehabt. Gelangweilte suchten Abwechslung, Unstete suchten Sicherheit, Vereinsamte suchten ein warmes Nest. Ausgesprochen wurde das nie.

So kollidierten die Ansprüche wie zwei Züge, die auf demselben Gleis aufeinander zurasten. Daher rührte die Enttäuschung. Das war der Anlass von Zerwürfnissen und Trennungen gewesen. Das war die Quelle der Konflikte.

Ganz anders verhält sich ein seelisch entwickelter, in sich ruhender Mensch. Er kann sich völlig darauf konzentrieren, was seine Seele möchte. Er sucht keine Erlösung, er sucht sein Pendant. Und er braucht auch keine der üblichen Gefühle, die ihm eine neue Erlebnisqualität bescheren.

Liebe ist mehr als ein Gefühl – dieser Satz brachte für mich die entscheidende Wende.

Ich musste mir eingestehen, dass ich nach Gefühlen gelechzt hatte wie nach einer Droge. Sie beschwingten mich. Sie hoben meine Stimmung. Selbst die kleinen Beziehungsdramen mit ihren aufwallenden Gefühlen erschienen mir spannender als gar keine Emotionen. Gefühle waren wie ein Glas Champagner, prickelnd, angenehm, berauschend.

So lernte ich, dass Verlieben und Entlieben die Konsequenz meiner Gefühlssucht waren. Ich hatte nie wirklich den adäquaten Partner im Blick gehabt. Was mich getrieben hatte, waren innere Programme, die aus Erwartungen und ersehnten Gefühlsintensitäten bestanden. Damit hatte ich mich auf dünnes Eis begeben, das mehr als einmal unter meinen Füßen zusammengebrochen war.

Verführerische Gefühle

Liebe ohne Gefühle? Wie soll das vor sich gehen? Gibt es denn etwas Beglückenderes als die erste spontane Empfindung von Zärtlichkeit? Was kann schöner sein als das wunderbare Gefühl, begehrt zu werden? Haben wir nicht recht, wenn wir uns Gefühlsstürmen hingeben, die uns dem siebten Himmel näherbringen?

Meine Antwort ahnen Sie. Ja, es gibt etwas Schöneres. Etwas, was langsam wächst und andauert, bis es sich zur Erfüllung steigert: ewige Liebe, absoluter Einklang, unbedingtes Vertrauen. Das wahre Glück. Dafür ist es allerdings unerlässlich, dass Sie die schillernden Gefühle ergründen, die Sie regelmäßig auf die falsche Fährte locken.

Sie werden nicht drum herumkommen, solche Gefühle beiseitezuschieben, wenn sie drauf und dran sind, Sie zu narkotisieren. Sie sollen Gefühle nicht unterdrücken, doch Sie sollten nicht erwarten, dass Ihnen damit ein Liebeskompass geschenkt wird.

Die älteste spirituelle Botschaft lautet: Erkenne dich selbst. Der Satz war in das Tor eingemeißelt, das zum legendären Orakel von Delphi führte. In ihm liegt eine umfassende Weisheit, die uns zur wahren Liebe führt. Um sie zu erfahren, müssen wir dem emotionalen Sog widerstehen, der das Selbst-Bewusstsein der Seele tief hinab in die dunkelsten Kammern unseres Ichs zieht.

Ohne dass wir es wüssten, erliegen wir typischen Gefühlen, wenn wir uns verlieben. Zugegeben: Es sind schöne Gefühle. Aber wie Sie gesehen haben, sind sie weder dauerhaft noch ein Hinweis darauf, dass wir den richtigen Partner vor uns haben. Werden wir konkret: Die mächtigsten Helden unseres inneren Gefühlskinos sind Bestätigung und Begehren.

Warum diese beiden? Ich halte sie für die größten emotionalen Suchtfaktoren, die uns dazu bringen, reflexhaft auf einen Menschen zu reagieren. Wir lassen uns verführen und in die Irre führen. Umso unsanfter ist später das Erwachen, dann, wenn das herrliche Gefühlsgebäude in sich zusammenstürzt wie ein Kartenhaus.

Beginnen wir mit der Bestätigung. Jeder Mensch sucht sie. Jeder möchte gern akzeptiert werden. Jeder hat allerdings auch schon das Gegenteil erlebt. Man wurde abgelehnt und zurückgewiesen, man wurde zuweilen sogar isoliert. Im Monopoly der Gefühle ist das die vernichtendste Ereigniskarte: Gehen Sie direkt ins Gefängnis.

»Du gehörst nicht dazu«, ist ein soziales Todesurteil. Selbst das simple »Ich mag dich nicht«, selten ausgesprochen, aber mit hundert kleinen Signalen kommuniziert, lässt uns in tiefe Trauer versinken. Der Abgrund ist allgegenwärtig.

Sogar die selbstbewusstesten Zeitgenossen sind süchtig danach, dass ihnen ihr Umfeld bestätigt, wie liebenswert sie sind. Sie brauchen Spiegel, die ihnen ein schmeichelhaftes Bild zurückwerfen. Zuweilen verbiegen sie sich sogar, um andere für sich zu gewinnen. Akzeptanz um jeden Preis heißt das Motto. Dafür tun wir die merkwürdigsten Dinge.

Der Ursprung dafür liegt meist in der Kindheit. Wir lernen rasch, dass wir mit Wohlverhalten weiterkommen. Elterliche Zuwendung lässt sich kaum erringen, wenn ein Kind widerspenstig ist, seinen eigenen Kopf durchsetzt und bei jeder Gelegenheit Streit anfängt.

»Lieb sein« und »lieb gehabt werden« gehen eine innige Verbindung ein. Das speichern wir ab und fügen es den inneren Programmen hinzu. Lieben und Geliebtwerden – ein Spiel mit gezinkten Karten. Denn im Klartext bedeutet das: Bestätigung erheischen und Bestätigung bekommen.

Auch als Erwachsene folgen wir diesem Muster. Am Anfang jeder Verliebtheit steht die Erfahrung, dass ein Mensch uns wertschätzt. Wenn er es nicht tut, handeln wir eben so, dass wir ihm auffallen und gefallen. Umso befriedigender ist dann die Feststellung, dass diese Person uns ein positives Echo zurückgibt: »Ich mag dich. Du bist etwas Besonderes. Ich fühle mich wohl in deiner Gegenwart.«

Gelangen wir an diesen Punkt, so schweben wir bereits. Endlich gibt es jemanden, der mich als einzigartig wahrnimmt! Endlich erhalte ich die Anerkennung, die ich brauche! Ein Rausch erfasst uns, und sehr schnell neigen wir dazu, diesen Rausch für Liebe zu halten.

Ich möchte dieses Phänomen als Reaktion einer hungrigen Seele bezeichnen. Je hungriger die Seele ist, je weniger sie sich selbst kennt und traut, desto stärker ist der Wunsch, einen positiven Spiegel zu finden. Oft werden damit alte Verletzungen überdeckt, die nie richtig heilten: die verweigerte Liebe der Eltern, die Ausgrenzung unter Spielkameraden, das andauernde Gefühl, nirgendwo Rückhalt zu finden.

Von Heiratsschwindlern ist bekannt, warum sie leichtes Spiel bei einsamen Frauen haben: Sie widmen sich ihnen völlig, sie hören ihnen zu. Permanent vermitteln sie den Eindruck, dass es niemand

Wichtigeren auf der Welt gibt als die Frau, die sie kunstvoll umgarnen. Bestätigung ist ihre Strategie. Damit erzeugen sie liebende Gefühle, wie in einem chemischen Labor.

Aufmerksamkeit und Bestätigung sind emotionale Drogen, leider. Das macht Menschen anfällig für Suggestionen: Jemand widmet mir seine Zeit und seine Aufmerksamkeit, also werde ich geliebt. Und selbstverständlich liebe ich zurück.

Nun sind Männer im Allgemeinen keine Heiratsschwindler. Immerhin, ihre Motive können vergleichbar sein. Oft wollen sie eine Frau einfach erobern, und sei es nur für eine kurze Affäre. Wenn sie mit Einfühlungsvermögen begabt sind, gelingt es ihnen auf denkbar einfachste Weise. Zielsicher spüren sie die Schwachstellen auf, die Unsicherheiten und Unwertgefühle. Dann verbinden sie die Wunden.

»Seit ewigen Zeiten finde ich mich zu dick«, erzählte Kerstin einmal. »Als ein Mann mir sagte, er finde meine Speckrollen sinnlich, war es um mich geschehen. Er nannte mich ein Vollweib, und ich fühlte mich endlich anerkannt, so, wie ich war. Natürlich schmolz ich dahin.«

»Und ich hatte oft den Eindruck, dass ich nicht kreativ genug war«, bekannte Nicole. »Mein Chef sagte immer: Das ist nicht originell genug, wir brauchen hier geniale Ideen, keine geistigen Staubfänger. Das saß. Als ich dann einen Kollegen kennenlernte, der mich für einen Ausbund an Genie hielt, hatte er mich schon halb an der Angel.«

Nicht immer geschehen solche Bestätigungen

mit Vorsatz. Ebenso häufig kommt es vor, dass Männer ihre eigene Unsicherheit in der gegenseitigen Bestätigung auflösen. Ein verhängnisvoller Zirkel schließt sich, in dem sich die beiden Verliebten immer wieder versichern, wie liebenswert sie sind. Sie bestätigen einander ihren Wert. Sie werten sich auf. Und das ist ein ultimativer Kick.

Verhängnisvoll ist dabei, dass alles, was eine positive Reaktion auslöst, in den Vordergrund rückt. Und das sind erfahrungsgemäß weit häufiger noch Eigenschaften, die als Vorzüge gelten. Wir zeigen unsere Schokoladenseite. Wir wollen immer mehr von der wundervollen Bestätigung, und dafür opfern wir alles, was jenseits der Schokoladenseite existiert – um das großartige Gefühl der Bestätigung zu verlängern.

Ulrike ist das öfter passiert. Sie gehört zu den Frauen, die nach außen hin strahlend und unverwundbar wirken. Dafür wird sie von vielen anderen Frauen beneidet. Wer so attraktiv und intelligent ist, muss sich nun wirklich keine Sorgen machen, ist das einhellige Urteil.

Niemand käme auf die Idee, dass es in Ulrikes Innerem gar nicht so strahlend zugeht. In Wahrheit ist sie nämlich nicht so selbstsicher, wie ihre Freunde annehmen. In Wahrheit hockt in der bewunderten Hülle eine frierende Seele.

Einmal, nach einer Party, brachte ich Ulrike nach Hause. Lange saßen wir vor ihrer Wohnung noch im Auto und ließen den Abend Revue passieren. Mein Erstaunen war grenzenlos, als sie mir gestand, dass solche Partys eine Qual für sie seien.

»Dauernd fürchte ich, dass jemand entdeckt, wie es mir wirklich geht«, seufzte Ulrike. »Ich trage eine Maske. Niemand kennt mich so, wie ich wirklich bin: einsam und unsicher.«

Ich war völlig überrumpelt. Dann zählte ich ihre Pluspunkte auf, ihr gutes Aussehen, ihre Schlagfertigkeit, ihren Humor. Sie winkte ab. Das sei eine bloße Fassade, versicherte sie mir.

»Meine größte Sehnsucht ist es, dass ein Mann mich so liebt, wie ich wirklich bin«, sagte sie leise. »Ihr könnt mir noch so oft erzählen, wie toll ich bin, trotzdem möchte ich bestätigt werden. Von einem liebenden Mann.«

Sie hielt inne. »Und weißt du was? Sobald mir einer zu verstehen gibt, dass er mich stark und selbstbewusst findet, geht das Versteckspiel von vorne los. Es ist einfach zu schön, wenn ich mich akzeptiert fühle. Ich traue mich dann nicht mehr, meine dunklen Seiten zu offenbaren.«

Betroffen sah ich sie an. Sie wirkte auf einmal sehr zerbrechlich. Und dann sagte Ulrike etwas Unglaubliches: »Jede Frau fühlt sich wie ein Aschenputtel. Sie wartet deshalb auf den Prinzen, der in ihr die Prinzessin erkennt. Bei mir ist es umgekehrt: Ich werde wie eine Prinzessin gesehen. Das gibt mir Bestätigung. Das lässt mich auf Männer fliegen, die mir Anerkennung verschaffen. Doch worauf ich eigentlich warte, ist der Mann, der das Aschenputtel in mir entdeckt. Und das Aschenputtel liebt.«

Wahnsinn, ging es mir damals durch den Kopf. Sind wir alle Aschenputtel, die ihr wahres Ich verbergen?

Ich persönlich fand nie etwas Schlimmes dabei, mich von meiner Schokoladenseite zu zeigen. Jeder Mensch neigt dazu. Wir haben alle unsere Fassaden, weil sie das Leben einfacher machen. Auf das tägliche »Hallo, wie geht's?« antworten wir mit »Gut«, weil wir nicht jedem auf die Nase binden wollen, dass gerade die Waschmaschine defekt ist und eine anrückende Grippe bohrende Kopfschmerzen verursacht.

Wir sind begnadete Schauspieler. Lächelnd tänzeln wir an unseren Abgründen entlang und malen uns selbst noch dann rote Lippen, wenn es uns hundeelend geht. Im Alltag mag das akzeptabel sein. Doch wenn es um einen Mann geht, endet diese Taktik nur zu oft in einer Einbahnstraße.

Jahre später sprach ich Ulrike noch einmal auf den Abend an. Inzwischen hatte ich viel über die spirituelle Bewusstheit unserer Seele erfahren.

»Du bist weder eine Prinzessin noch ein Aschenputtel«, sagte ich. »Du bist du selbst. Hör auf, nach Bestätigung zu suchen. Du brauchst sie nicht. Erkenne dich selbst. Sei das, was du bist! Dann wirst du dem Mann begegnen, der dich mit jeder Faser deines Seins liebt.«

Sie wirkte erleichtert. Und doch fiel es ihr schwer, daran zu glauben. Liebe und Bestätigung waren für sie nun einmal untrennbar verbunden.

Ulrike ist kein Einzelfall. Sie gehört zur wachsenden Gruppe von Frauen, die sich im Beruf und auch im Kreise der Freunde einige Anerkennung verschafft haben. Dennoch gieren sie nach emotionaler Bestätigung.

Als ich mich mit den glücklichen Paaren beschäftigte, fiel mir auf: Sie erzählten von einer ganz anderen Dramaturgie des Kennenlernens. Da sie in sich ruhten, waren sie nicht mehr auf Bestätigung aus. Sie brauchten weder Masken noch Fassaden. Sie brauchten auch keinen schmeichelhaften Spiegel. Diese Menschen konnten gelassen sein, weil sie sich ihrer selbst sehr sicher waren, mit allen kleinen Tücken, mit allen positiven Seiten.

Befreien Sie Ihre Seele. Kommen Sie mit sich ins Reine. Dann müssen Sie nicht mehr reflexhaft irgendwelchen Partnern folgen, die Ihnen das Gefühl der Bestätigung geben. Was Ihnen durch die Selbst-Erkenntnis der Seele geschenkt wird, ist eine Beziehung auf Augenhöhe, in der Sie selbstbewusst und frei sind.

Unendliche Lust

Ich stelle schon mal die Warnblinklampen auf. Verlangsamen Sie das Tempo. Denn jetzt geht es um etwas sehr Intimes – um Ihre Sexualität. Kein Zweifel: Zu den wirkmächtigsten Gefühlen, die uns Verliebtheit suggerieren, gehört das Begehren und Begehrtwerden.

Es sind unwiderstehliche Gefühle. Sie stürzen uns in einen seligen Taumel. Mit verklärtem Blick fühlen wir, dass jemand uns für erotisch attraktiv hält. Ein Gefühl wie ein Ticket ins Glück. Alles scheint möglich, zärtliche Raserei, absolute Verschmelzung, unendliche Lust.

So wie die Bestätigung ist das Begehren oft der

Auslöser für eine Beziehung. Eine zarte Berührung elektrisiert uns, ein verlangender Blick übt seine hypnotische Wirkung aus. Ich will dich, sagt dieser Blick. Ich will alles.

Sofort spüren wir eine magische Anziehungskraft. Sie ist mehr als das Versprechen auf triebhafte Lust. So wie die Bestätigung lesen wir die Begierde des Partners als Anerkennung unseres Werts. Wir sind plötzlich im sexuellen Sinne »wertvoll« und »liebenswert«.

Das betrifft unser Frausein im Innersten. Erotisch reizlos zu sein ist die geheime Angst der meisten Frauen. Sie tun viel dafür, um schon auf den ersten Blick erotische Qualitäten zu signalisieren, mit Diäten, Fitnessübungen und Beauty-Treatments. Wir wollen kompatibel sein in der Welt der Sinneslust. Kein Preis scheint zu hoch, um sexuelles Begehren förmlich zu provozieren.

Vermittelt ein Mann den Eindruck, dass er eine Frau sexuell anziehend findet, ist die Versuchung groß, sich ganz diesem Gefühl zu überlassen. Für das Warten ist keine Zeit, weil der Suchtfaktor immens ist. Sogleich soll sich dieses Gefühl zum sexuellen Rausch steigern.

Wozu länger warten? Das Begehren muss gleichsam »überprüft« werden. Hält der Blick, was er verspricht? Steht dahinter wirklich sexuelle Raserei und schicksalhafte Anziehung? Schnell wandelt sich das Begehren zur emotionalen Droge. Je größer die körperliche Nähe, je leidenschaftlicher der Sex, umso größer muss auch die Liebe sein, meinen wir.

Bedenken haben wir kaum, denn nie in der Geschichte der Menschheit hat die Sexualität eine dermaßen große Rolle gespielt. Kulturtheoretiker sprechen sogar von der »sexualisierten Gesellschaft«.

Überall springen sie uns ins Auge, in der Werbung, im Fernsehen, im Kino: aufregende Hingucker, die nur dafür gemacht zu sein scheinen, unser Verlangen zu wecken. Leicht bekleidete Frauen preisen schnelle Autos und sahniges Eis an, süß, knackig, allzeit bereit. Notorische Verführertypen mit Dackelblick schwatzen uns eine neue Kaffeesorte auf. Sex sells – Sex verkauft einfach alles.

Auch in Beziehungen hat die Sexualität einen hohen Status erreicht. Unsere Großmütter und Großväter fanden sich noch damit ab, dass die Erotik mit den Jahren verflog. Sie erachteten es weit weniger wichtig, ob ihre Ehe von nimmermüder sexueller Aktivität gekennzeichnet war. Gleichmütig nahmen sie zur Kenntnis, wenn das Begehren irgendwann abhanden kam. Und nie hätten sie spontane sexuelle Erregung als ein gutes Omen für eine dauerhafte Verbindung gedeutet.

Heute ist das anders. Eine Beziehung ohne Sex scheint absurd zu sein, ein Sahnehäubchen ohne Sahne. Schließlich ist die körperliche Liebe in einer sexualisierten Gesellschaft wie eine Währung – wir denken, dass wir minderwertig sind, wenn unser erotischer Kurswert keine Höhenflüge erreicht. Deshalb wird der körperlichen Liebe von Anfang an ein hoher Stellenwert eingeräumt.

Hirnforscher wissen, warum wir gerade in den ersten Wochen der Verliebtheit buchstäblich süchtig nach Sex sind. Nach dem Höhepunkt wird nämlich das Hormon Oxytocin ausgeschüttet, das sogenannte Bindungshormon. Es ist ein rein physiologischer Prozess. Unser Körper kann nicht anders, als nach einer sexuellen Vereinigung das Hirn mit Oxytocin zu fluten.

Die Wirkung ist phänomenal. Wir geraten in einen Zustand höchster Zufriedenheit. Schauder von Glückseligkeit überlaufen uns, und wir fühlen uns dem Partner innig verbunden. Dasselbe geschieht übrigens auch, wenn eine Mutter ihr Kind stillt: Große Glücksgefühle durchströmen sie, und die Bindung an ihr Kind wird emotional gefestigt.

Was die Sexualität betrifft, ist der Oxytocinrausch zwar im höchsten Maße erfreulich, doch schon bei kurzem Nachdenken sollte klar sein: Mit seelischer Liebe hat das nichts zu tun. Vielmehr passiert etwas anderes. Im Wortsinn »machen wir Liebe«. Wir erschaffen die Liebe durch unseren Hormonhaushalt. Man könnte auch sagen: Wir verlieben uns in die Liebe. Und nicht in den Partner.

Ich halte es heute für wenig sinnvoll, frühzeitig dem Verlangen nach Sex nachzugeben. Das hat nichts mit Prüderie zu tun. Die Moralvorstellungen haben sich gewandelt, und auch ich wünsche mir keinesfalls die Zeiten zurück, als Sexualität eine verbotene, schuldbeladene Zone war. Das haben wir glücklicherweise hinter uns.

Doch die Bindung, die bei frühem Sex in einer Beziehung hergestellt wird, ist keine seelische Bindung. Ein weiteres Mal werden wir von unseren Gefühlen betrogen: Der Oxytocincocktail, der uns verabreicht wird, täuscht uns. Er spielt uns das große Gefühlstheater der Liebe vor, wo nichts weiter wirksam wird als ein hormonelles Feuerwerk.

In einigen aufschlussreichen Studien hat man nachgewiesen, wie nichtssagend dieses Gefühlstheater ist. Anlass war eine hochinteressante Fragestellung: Hirnforscher wollten herausfinden, ob es eine spezielle Person sein musste, die eine Oxytocinausschüttung hervorrief, oder ob es eine beliebige sein konnte.

Eine gemeine Frage, auf die nur staubtrockene Wissenschaftler in grauen Kitteln kommen können? Nein, eine wahrhaft spannende Frage!

Die Forscher gingen systematisch vor. Sie forderten freiwillige Probanden auf, eine Viertelstunde lang miteinander zu kuscheln. Die Versuchspersonen, die einander nicht kannten, nahmen sich daraufhin in den Arm und berührten sich zärtlich. Anschließend wurde ihr Hormonspiegel gemessen.

Und siehe da: Alle hatten einen erhöhten Oxytocinwert. Alle beschrieben ein herrliches Wohlgefühl. Sie hatten innigen Hautkontakt mit völlig fremden Personen gehabt, dennoch schilderten sie wohlige Zustände, die man sonst nur von Liebenden kannte.

Mal ganz unter uns: Würden Sie da von Liebe sprechen? Nein, es sind Gefühle, ausgelöst durch ein bestimmtes Verhalten, das wiederum hirnchemische Reaktionen nach sich zog. Wohl kaum würden Sie annehmen, dass diese Probanden nach dem Test Liebe füreinander empfanden und einander wiedersehen wollten – auch wenn die Folgen der hormonellen Veränderungen sich kurzfristig ähnlich anfühlen mochten.

Einmal mehr ist es die babyfixierte Mutter Natur, die hier ihre Hand im Spiel hat. Sie will nämlich, dass Mann und Frau eine Weile aneinander haften wie mit Klebstoff fixiert. Ein paar Monate nur, damit die Chance auf Nachkommen genutzt wird. Danach, wenn das sexuelle Interesse erlahmt, ist die Bindung unter Fortpflanzungsgesichtspunkten nicht mehr so wichtig.

Konstruieren wir nun den denkbar ungünstigsten Fall. Sie verlieben sich in einen Mann und können an nichts anderes mehr denken, als mit ihm ins Bett zu gehen. Wer dieser Mann ist, ob er das seelische Potenzial besitzt, Sie glücklich zu machen, daran verschwenden Sie nicht einen einzigen Gedanken.

Sie sind wie behext. Die Vorstellung, Sex mit dem Mann zu haben, wird zur Obsession. Ihre Gefühle fahren Achterbahn. Ihr Herz schlägt schneller, Ihre Haut kribbelt, und das Begehren wächst in den Himmel. Nichts kann Sie aufhalten.

Um dieses Beispiel besonders anschaulich zu machen, statte ich den Mann nun mit einem Rucksack schlechter Eigenschaften aus. Er ist Alkoholiker, neigt zu Untreue, wird leicht cholerisch und ist alles in allem ein widerwärtiger Macho. Mit kühlem Kopf betrachtet, würden Sie sich ihm nicht einmal auf zehn Schritte nähern.

Doch da ist diese sexuelle Anziehungskraft. Hals über Kopf stürzen Sie sich in eine Affäre. Sie kuscheln nicht nur fünfzehn Minuten lang, sie verbringen ganze Nächte mit dem Objekt Ihrer Begierde. Eng umschlungen schlafen Sie mit ihm ein und wachen am nächsten Morgen mit ihm auf.

Und nun? Nun läuft das chemisch generierte Gefühlsprogramm ab, mit aller Unerbittlichkeit.

Schon nach der ersten Nacht sind Sie davon überzeugt, dass eine tiefe Bindung zwischen Ihnen beiden besteht. Eine emotionale Bindung natürlich. Gleichsam beschwipst von der Überdosis Oxytocin meinen Sie, Gefühle für den Mann zu hegen. Echte Gefühle, wohlgemerkt, authentische Emotionen. Am besten gleich die große Liebe.

Ihr innerer Kompass zeigt nur noch in eine Richtung: zu dem Mann, mit dem Sie das Bett geteilt haben und der Ihnen befriedigende Lust bereitete. Und das, obwohl er in nichts den Kriterien einer seelischen Liebe entspricht.

Betrachten Sie dieses Lehrstück so leidenschaftslos wie möglich. Fällt Ihnen etwas auf? Oder erinnert es Sie sogar an ein Erlebnis, das Sie selbst schon hatten? An eine Obsession, gegen die Sie sich nicht wehren konnten? An den berühmten »life changing sex«?

Ich kenne genug Frauen, die sich mit nahezu verzweifelter Beharrlichkeit an einen Mann hängen, der sie schlecht behandelt. Ein geheimes Band scheint sie an diesen Mann zu fesseln. Jetzt wissen Sie, warum das Band immer fester wird, warum diese Frauen viele Demütigungen ertragen und wider besseres Wissen versuchen, den Mann zu halten: Sie sind einer Gefühlsillusion auf den Leim gegangen.

Ein heikles Thema. Mit meinen Freundinnen sprach ich fast nie über körperliche Dinge. Eine natürliche Scham hielt uns zurück, Details unseres Liebeslebens preiszugeben. Dennoch war es kein Geheimnis, dass sich alle aufgeklärt und selbstbestimmt genug fanden, um nicht allzu lang mit dem »ersten Mal« zu warten.

»Besser, man findet frühzeitig heraus, ob es im Bett klappt«, sagte Nicole lapidar. »Sonst kann es böse Überraschungen geben.«

»Wenn man sich auf dieser Ebene nicht versteht, geht auch alles andere schief«, nickte Ulrike. »Sonst investiert man seine kostbare Zeit in einen Mann, der dann am Ende mit irgendwelchen irrwitzigen Fetischgeschichten herausrückt.«

»Aber ist es denn so aussagekräftig, wie die körperliche Liebe sich anfühlt, wenn man den Partner kaum kennt?«, gab ich zu bedenken. »Es könnte doch sein, dass alles viel schöner wäre, wenn man erst einmal herausgefunden hat, dass man seelisch zueinanderpasst.«

Meine Freundinnen zogen die Augenbrauen hoch. Die Vorstellung, länger als üblich nur Händchen zu halten wie Teenager, fanden sie abwegig. Außerdem: Enthaltsam zu bleiben, klang nach Lustverzicht und Moralkeule.

Sie wollten das ganze Paket kennen, von Anfang an. Und nicht die Katze im Sack kaufen. Sie bedauerten ihre Großmütter, weil die meist erst in der Hochzeitsnacht erfuhren, auf wen sie sich eingelassen hatten.

»Stell dir vor – du hast schon den Ring am Finger und dann ist die Hochzeitsnacht ein Desaster!«, rief Kerstin.

»Ja, aber im Unterschied zu unseren Großmüttern haben wir heute die freie Wahl«, warf ich ein. »Wir werden weder zur Vernunftehe gezwungen, noch müssen wir Panik haben, schon mit zwanzig als späte Mädchen zu gelten. Wozu dann die Eile?«

»Äh – weil die Männer erfahrungsgemäß nicht so gern hingehalten werden«, erwiderte Nicole.

»Ach so! An den Männern liegt es also?«, fragte ich.

»Wenn Frauen sich zieren, finden Männer das jedenfalls zickig«, sagte Nicole und verdrehte die Augen. »Sie verlieren das Interesse. Hast du das nicht auch schon gemerkt?«

Ich versuchte es mit einer Gegenfrage: »Würde der Mann, der für uns geschaffen ist und der uns aus tiefster Seele liebt, das Interesse an uns verlieren – nur, weil wir mit dem Sex warten wollen?«

Schweigen. Dann schüttelten alle drei den Kopf. Doch so hatten sie es noch nie gesehen.

Die glücklichen Paare, die für mich zu aufschlussreichen »Studienobjekten« wurden, versicherten alle, schneller Sex habe nicht im Vordergrund gestanden. Alles geschah eher wie in Zeitlupe. Viele hatten gar nicht vorrangig sexuellen Appetit gespürt, als sie sich kennenlernten. Erotische Kicks hatten sie nicht zueinander geführt, sondern seelische Übereinstimmung. Erst, als sie sich ihrer Liebe sicher waren, wagten sie die körperliche Annäherung.

Atemlos hörte ich ihnen zu. Was sie preisgaben, war außerordentlich intim. Unsere Gespräche fanden auf der Basis großen Vertrauens statt, und ich bin dankbar, dass sie sich mir öffneten.

Und ich verrate Ihnen ein Geheimnis: Sie alle bekannten, dass es der schönste und erfüllendste Sex ihres Lebens gewesen sei. Fortan verlor er nie seinen Zauber. Diese Paare schilderten Erlebnisse, die den meisten Menschen verschlossen bleiben – lustvolle Entgrenzung und höchstes Glück.

Eines dieser Paare war bereits seit fünfundzwanzig Jahren zusammen. Nichts an ihnen strahlte die übliche Routine alter Beziehungsprofis aus. Da waren keine Abnutzungsspuren, die sich in höflichem Desinteresse äußerten. Sie wirkten auf eine wunderbare Weise stimmig.

Was sie entdeckt hatten, war eine Dimension körperlicher Liebe, die von der seelischen Liebe genährt wurde. Sie enthüllten mir eine Form der Sexualität, die sie transformierte. Das Verlangen war kein Rausch, es war echte Verschmelzung. Spirituell formuliert: Haut an Haut fanden sie sich in der Urseele.

Am Ende eines langen Abends erzählten sie, dass sie beim Sex kosmische Visionen hätten, eine Lust, die unendlich sei wie das Universum. Was ihre Art der Sexualität bestimmt, ist höchste Achtsamkeit. Sie zelebrieren ihre Liebesspiele wie ein magisches Ritual. Es ist kostbar für sie, ein Ausdruck ihrer seelischen Übereinstimmung.

Einige glückliche Paare, mit denen ich mich unterhielt, praktizierten den sogenannten »Tantra-Sex«, eine heilige Liebeskunst. Nach dem Verständnis des Tantrismus öffnet er den Menschen eine göttliche Ebene. Sie überschreiten die Grenzen ihrer Existenz und können sich eins mit dem Kosmos wissen.

Tantra-Sex beruht auf dem Austausch von Energien – den Energien zweier Personen und den Energien des Universums. Der Weg dahin ist von achtsamer Zurückhaltung bestimmt. Die Liebenden sehen sich dabei unverwandt in die Augen, sie verlieren sich ineinander und achten auf die winzigsten Reaktionen des Partners.

Ein schneller Orgasmus, so besagt es der Tantrismus, schleudert die gemeinsame Energie unwiederbringlich ins All. Die Energie verpufft. Durch ein Umspielen und Hinauszögern des Höhepunkts dagegen bleiben die Liebenden im kosmischen Energiestrom, sie fühlen sich stark und genießen Kräfte, die unerschöpflich sind.

Mit einem Partner, den man erst wenige Tage kennt, ist so etwas vollkommen unmöglich. Keine schnelle Affäre kann diesen göttlichen Energieaustausch hervorrufen. Nur eine freudige seelische Bindung, fest verankert in einer langen Kennenlernphase, legt die Basis für Tantra-Sex und jede andere Spielart sexueller Erfüllung.

Ich war hochgradig fasziniert. Wie schal kamen mir jetzt die sexuellen Abenteuer vor, die so viele Menschen leichtfertig eingingen. Ich hatte etwas gelernt, was unschätzbar ist: Körperliche und seelische Liebe sind dasselbe, wenn wir sie nicht auf Gefühle bauen. Es hängt nun ganz von Ihnen ab, welche Schlüsse Sie aus diesem Kapitel ziehen. Wenn Sie einen guten Rat möchten, so kann ich Ihnen versichern, dass Ihr Umgang mit der Sexualität eine wesentliche Rolle bei der Suche nach dem idealen Partner spielen wird. Daher ist es angemessen, dass Sie sich über Gefühle klar werden, die trügerisch und vergänglich sind und auch die Sexualität betreffen.

Früher sagten wohlerzogene Mädchen: »Ich hebe mich für den Richtigen auf.« Das tönt hoffnungslos altmodisch und naiv in unseren Ohren. Und doch liegt darin ein Schlüssel des Glücks.

Wir haben uns angewöhnt, dass wir die Sexualität als ein körperliches Bedürfnis deklarieren, so banal wie Essen und Trinken. Wir würdigen sie zu einer trivialen Betätigung herab und meinen, dass sie eben dazugehört. Und wir finden es überflüssig, darin eine geistige Dimension zu suchen – schließlich reicht es uns im Allgemeinen, wenn wir eine ausreichende Dosis an Befriedigung und Zärtlichkeit erfahren.

Ich gehe davon aus, dass Sie bereits über sexuelle Erfahrungen verfügen und es daher nicht nötig haben, aus purer Neugier zu handeln. Meiden Sie Affären. Warten Sie darauf, dass der Kosmos Sie zum Richtigen führt, zu dem Mann, der Sie mit Herz und Seele liebt. Sparen Sie sich schnelle Abenteuer. Der Kosmos wird Sie belohnen – auch mit einer wahrhaft beglückenden Sexualität.

3. KAPITEL

Im Netz der Energien

Wie Sie kosmische Kräfte entdecken

Ich könnte mir gut vorstellen, dass Sie jetzt einige brennende Fragen auf dem Herzen haben. Wie sollen Sie sich verhalten, wenn irreführende Gefühle den Weg zum idealen Partner verstellen? Wie finden Sie aus den Verblendungen hinaus?

In diesem Kapitel verlassen wir die Welt der Illusionen und wenden uns wesentlich erfreulicheren Dingen zu: dem Netz erschaffender Energien. Haben Sie Vertrauen. Sie sind bereits ein gutes Stück weit gekommen und wissen, welche problematischen Strukturen Sie hinter sich lassen sollten. Nun sind Sie bereit für Erkenntnisse, die Ihnen große Macht verleihen werden. Gestaltungsmacht, genauer gesagt.

Sie haben Ihr Lebensglück in der Hand, nur Sie allein. Der Kosmos stellt Ihnen alles zur Verfügung, was Sie dafür brauchen. Es ist Ihre persönliche Entscheidung, ob Sie dieses großzügige Angebot annehmen oder ausschlagen.

Wechselnde Partner, unglückliche Beziehungen und unfreiwillige Einsamkeit sind kein Schicksal. Nirgendwo steht geschrieben, dass Sie auf der

Schattenseite des Lebens ausharren müssen. Sie sind für das Licht gemacht. Auch wenn Sie bereits schlechte Erfahrungen angehäuft haben, damit ist nun endgültig Schluss.

Sie können aktiv werden, und das sollten Sie auch schleunigst tun. Denn Sie können in die Speichen des großen Lebensrads greifen und seine Richtung bestimmen.

Das bedeutet allerdings nicht, dass Sie eine Kontaktanzeige nach der anderen aufgeben und Ihr Profil in sämtliche verfügbaren »Social Networks« einstellen. Es bedeutet, dass Sie die kosmische Welt und ihre beflügelnden Energien entdecken.

Nur Mut. Sie benötigen weder besondere Vorkenntnisse noch spirituelles Geheimwissen. Vielmehr handelt es sich um einen Bewusstseinsakt, der Sie mit großen Energien ausstatten und befreien wird. Dann sind Sie bereit für den Partner, der Sie für immer glücklich macht.

Die Legende vom Schicksal

Bei unseren »Latte-Macchiato-Nachmittagen« kamen wir oft auf das zu sprechen, was wir die Unausweichlichkeit des Schicksals nannten. Ein bisschen mulmig war uns schon dabei, das Schicksal war schließlich launisch wie eine Diva. Es beschenkte und zerstörte, ganz nach Belieben.

Wir fanden das ziemlich ungerecht, doch einige von uns meinten, dass wir uns wohl damit abfinden müssten. Wer würde schon dem Schicksal die Stirn bieten?

Nicole gehörte zu der fatalistischen Fraktion. Immer wieder schärfte sie uns ein: »Ob wir den Mann unseres Lebens treffen oder nicht, darauf haben wir keinen Einfluss. Es ist eben Schicksal. Wir sollten aufhören, uns den Kopf zu zerbrechen. Es passiert sowieso das, was passieren soll.«

Kerstin war da ganz anderer Meinung. »Man darf das Wünschen nicht verlernen«, hielt sie dagegen. »Wer keine Wünsche mehr hat, verliert auch seine Hoffnungen. Ich gebe die Hoffnung jedenfalls nicht auf.«

Tapfere Worte. Schließlich lebte Kerstin seit Jahren wie eine Nonne. Bis auf ein paar gute Freunde und Freundinnen hatte ihr das Schicksal nichts weiter serviert als Männer, die sofort Reißaus nahmen, wenn Kerstins fünfjährige Tochter um die Ecke schaute. Zu Kerstins großem Kummer wollte einfach kein Mann auftauchen, der Verantwortung für eine kleine Familie übernahm.

»Hoffnungen, gut und schön«, fuhr Ulrike fort, »aber wir können doch nicht ewig im Wartesaal des Lebens herumsitzen. Sieh dich an. Wann denkst du denn, dass der Richtige vorbeispaziert? Wenn deine Tochter erwachsen ist und du im Seniorenheim über Kreuzworträtseln brütest?«

Selten hatte ich Ulrike dermaßen aufgebracht erlebt. Sonst hielt sie sich meist zurück, doch an diesem Tag standen die Zeichen auf Sturm.

»Warum reagierst du so heftig?«, wollte ich wissen.

»Weil ich die Nase voll habe vom angeblichen Schicksal«, antwortete Ulrike. Nervös strich sie sich durch das lange schwarze Haar. »Wenn das alles stimmen würde, wäre das Schicksal nämlich ganz schön grausam. Und ihr glaubt doch nicht im Ernst, dass irgendwo in den Wolken beschlossen wurde, dass wir kreuzunglücklich werden. Da stimmt was nicht. Wir drehen uns allmählich im Kreis!«

Betretene Stille folgte. Ulrike hatte recht. Unsere Gespräche trösteten uns zwar über unsere Rückschläge in Sachen Liebe hinweg, ändern konnten sie allerdings nichts daran. Wir blieben, was wir waren: Singles, die keine blasse Ahnung hatten, was sie eigentlich falsch machten.

»Und wenn das Schicksal nun etwas ist, was wir steuern können?«, war mein Gegenvorschlag. »Vielleicht stellt es uns ja nur vor Aufgaben. Dann würde es darum gehen, dass wir die Aufgaben erkennen und lösen.«

Nicole seufzte. »Oha, Aufgaben. Bloß nicht. Mein Leben ist kompliziert genug. Mir reicht es schon, wenn ich Job und Alltag einigermaßen unter einen Hut bekomme. Mehr ist nicht drin.«

»Ich glaube, dass wir viel mehr Kräfte in uns haben, als wir denken«, sagte ich. »Und wir können uns jede Menge Unterstützung holen – beim Kosmos!« Sprachlos sahen meine Freundinnen mich an. In ihren Augen malten sich Fragezeichen. Wie war das gemeint?

Zu diesem Zeitpunkt hatte ich mich eingehend mit Astrologie auseinandergesetzt, besonders mit der karmischen Astrologie. Sie besagt, dass wir aus den vergangenen Leben Schuld und Verdienste in das jetzige Leben tragen und wahlweise die Schuld abarbeiten müssen oder für unsere Verdienste belohnt werden.

Daneben kennt die karmische Astrologie den Weg der Erleuchtung. Durch Bewusstseinsübungen, Meditation und den Einklang mit göttlichen Energien kann das Karma überwunden werden. Als Lohn winkt eine spirituell ausbalancierte Existenz, in der wir unser göttliches Potenzial ausleben. Karma ist also eine Lebensaufgabe, kein unabänderliches Schicksal.

Das Schwierige an der Karmalehre ist allerdings, dass man ohne die Hilfe von Spezialisten nicht ergründen kann, welches Karma man mit sich herumschleppt. Man ist angewiesen auf langwierige Beratungen und muss sich zudem darauf verlassen, dass man an den richtigen Astrologen gerät.

Ich selbst scheute davor zurück, mich ganz den Künsten eines Karmaastrologen anzuvertrauen. So wertvoll die vielen spirituellen Erkenntnisse auch waren, ich wollte nicht von einem einzelnen Meister abhängig werden. Ich wollte meinen Weg selbst finden, und ich spürte, dass ich das nur ganz allein tun durfte.

An ein unheilvolles Schicksal mochte ich nicht glauben. Dass ich allerdings Prüfungen und Aufgaben zu bestehen hatte, diese Idee der Karmaastrologie schien mir plausibel zu sein.

Alle Spiritualität will Transformation: Wir sollen zu bewussten Menschen reifen. Und das ist nicht mit einem Fingerschnipsen zu haben. Deshalb hatte ich irgendwann beschlossen, diese uralte Weisheitslehre zwar als Inspirationsquelle zu nutzen, jedoch meine eigene Variante zu erproben.

Eines war mir klar: Nichts im Leben ist Zufall. Ich selbst war durch einen Unfall spirituell aufgewacht. Es war ein schwerer Unfall gewesen, mit einem lebensgefährlichen Multiorganversagen. Wochenlang lag ich im Koma. Irgendwann hörte ich Stimmen und spürte, wie ich das Bewusstsein wiedererlangte.

Ich schlug die Augen auf. Ich lebte. Langsam begriff ich, dass ich nur knapp dem Tode entronnen war. Jeder Atemzug war ein Geschenk. Als ich wieder zu Bewusstsein kam, geschah das im doppelten Sinn: Ich hatte durch meine bedrohliche Krise eine neue Bewusstseinsstufe erreicht.

Plötzlich wurde ich empfänglich für Dinge, die ich nie beachtet hatte. Als sei ein Schleier fortgezogen, spürte ich auf einmal, wo ich ansetzen musste und was meine Aufgabe war – so entdeckte ich die Welt der Energien.

Schon vorher hatten mich Energien beschäftigt. Der Begriff tauchte immer wieder auf, wenn ich mich in spirituelle Sphären begab, und immer wurde betont, dass der Ursprung aller Energien im Kosmos liege.

Ja, es war der Kosmos, der mich mit Lebensenergie versorgte. Er hatte mich gerettet, und er war es auch, der mir unvorstellbar große seelische Energien bescherte.

In groben Zügen versuchte ich, meinen Freundinnen diese Weltanschauung näherzubringen. Für

Ulrike, Kerstin und Nicole klang das natürlich erst mal ausgesprochen exotisch.

»Wie – Unterstützung vom Kosmos?«, fragte Ulrike. »Meinst du etwa, dass uns die Lösung unserer Probleme von der Venus geschickt wird? Nach der Devise: Die Sterne sind unser Schicksal? Dann wären es in meinem Fall ziemlich hinterhältige Sterne!«

»Das unerbittliche Schicksal ist eine Legende«, beruhigte ich sie. »Wir brauchen nicht pessimistisch zu sein. Der Kosmos will unser Glück. Dafür sind wir geschaffen! Es kommt nur darauf an, dass wir seine Energien erkennen!«

Aus dem Nachmittag wurde diesmal ein sehr, sehr langer Abend. Am Ende gingen wir mit dem sicheren Eindruck auseinander, dass wir uns gemeinsam auf eine Expedition in neue Dimensionen gemacht hatten.

Das Rätsel der Energien

Haben Sie schon einmal überlegt, woher die ungeheure Energie stammt, die unser Universum bewegt?

Wie kann es sein, dass zahllose Planeten seit Milliarden von Jahren ihre immer gleichen Bahnen ziehen? Woher nimmt die lebendige Welt die Kraft, sich stetig zu erneuern? Was verbirgt sich hinter dem Bewegungsgesetz unserer Erde, auf der unaufhörlich neues Leben gezeugt wird und neue Ideen entstehen?

Energie ist der Treibstoff, der alles in Bewegung

hält. Energie steuert die Zellteilung, lässt Pflanzen wachsen und Komponisten himmelstürmende Sinfonien schreiben. Ohne Energie wären wir Zellhaufen, die dem sicheren Tod geweiht sind.

So offensichtlich das ist, so rätselhaft ist das jedoch auch. Physiker denken seit Jahrhunderten darüber nach, Künstler, Philosophen und spirituelle Köpfe. Die Klügsten kamen zu dem Schluss: Ein Kraftfeld umgibt uns, stark und unzerstörbar. Es ist sichtbar als das Prinzip des stetigen Wandels. Und immer wieder sind es unfassbare Kräfte, die wirken, wenn ein Mensch geboren wird, wenn Liebende zueinanderfinden, wenn die Sonne aufgeht und unsere Erde mit ihren Strahlen wärmt.

Es ist wie ein Wunder. Doch wir haben uns daran gewöhnt, das Wunder als etwas Normales wahrzunehmen. So entgeht uns auch die Wirkmacht von Energien, die jedes einzelne Leben durchpulsen.

Kennen Sie diese Tage, an denen alles gelingt? Schon frühmorgens lächelt Ihnen die Bäckereiverkäuferin zu, die Ihnen ein frisches Croissant über den Tresen reicht. Im Job sind Sie so überzeugend, dass jedes Detail ein Kinderspiel ist. Alle Herzen fliegen Ihnen zu. Sie lieben das Leben, und das Leben liebt Sie. Ohne Weiteres könnten Sie Bäume ausreißen und die Welt aus den Angeln heben. Alles scheint möglich.

Das sind die Feiertage der Existenz, die einen ganz besonderen Zauber ausüben. Es handelt sich um Momente, in denen Sie kräftigen Rückenwind bekommen. Woher rührt er? Was beflügelt Sie?

Auch hier wirken weder Schicksal noch Zufall. Durch Mechanismen, die für Sie bisher im Dunkeln blieben, haben Sie an solchen Tagen energetische Unterstützung vom Universum. Im Französischen spricht man dann gern von »fortune«, vom Glück des günstigen Augenblicks, das einen Auserwählten über alle Klippen hinwegträgt und ihm verblüffenden Erfolg beschert.

Stellen Sie sich vor, dass solche Tage künftig nicht die Ausnahme sind, sondern die Regel. Nichts kann Ihnen etwas anhaben, Sie halten die Fäden in der Hand und formen Ihre Wirklichkeit so, wie Sie sie gern hätten. Auch Ihren Partner.

Ein schöner Traum? Nein, es ist die Realität einer Lebenskunst, die sich gigantischer Kräfte bedient. Diese Kräfte gehören zum Netz kosmischer Energien, das uns unsichtbar umgibt. Wenn Sie in Harmonie mit den Energiegesetzen schwingen, sind Sie »Ihres Glückes Schmied« und kein Opfer des Schicksals mehr. Stattdessen können Sie Ihr Leben neu erschaffen und gestalten.

Alle alten Mysterienlehren haben sich mit Energien beschäftigt. In magischen Ritualen wird seit Jahrtausenden die Unterstützung des Kosmos und seiner nie versiegenden Kräfte beschworen. Heilige Orte waren der Schauplatz für faszinierende Zeremonien, in denen Priester und Heiler Kontakt mit dem Universum suchten.

Sie hatten gute Gründe dafür, denn Gefahren lauerten überall: Missernten bedrohten die Nahrungsversorgung, Naturgewalten entluden ihre zerstörerische Wucht, Krankheiten und Seuchen löschten ganze Völker aus. Der Mensch war solchen Katastrophen meist hilflos ausgeliefert. Mit bangen Augen schaute er daher zum Himmel und flehte um Gnade – er suchte Hilfe genau dort, wo er die Quelle des Unglücks vermutete.

Die frühen Wissenden folgerten aus den vielen Katastrophen, die ihre Völker heimsuchten: Der Anschluss an das Universum war verloren gegangen und musste deshalb mit speziellen Praktiken wiederhergestellt werden. Jede spirituelle oder religiöse Handlung ist daher gleichzeitig Energiearbeit, vom Entzünden einer Kerze bis zum Gebet.

Dabei geschieht ein spontaner Energietransfer. Universale Kräfte, die sich als Planetenbewegungen, Schwerkraftphänomene und Sternengeburten zeigen, werden auf die Erde geholt. Ein Zirkel bildet sich.

Wie oben, so unten, lautet eines der ältesten Mysterien. Was den Kosmos bewegt, bewegt auch die feinsten stofflichen und geistigen Prozesse auf der Erde. Alles ist eins. Alles schwingt.

Lange, bevor der Mensch den Mond eroberte und Beobachtungssonden zum Mars schickte, war den alten Mysterienhütern bewusst, dass Mikrokosmos und Makrokosmos dasselbe sind. Vor allem aber: Die Gesetze der Energien sind universal.

Mit einem gewissen Respekt sprechen wir bei schicksalhaften Ereignissen von »höheren Mächten«. Tatsächlich sind sie höher als wir, weil sie unseren engen Lebensumkreis weit überschreiten. Doch sie sind keine Schicksalsboten, es sind Ener-

gien und stammen aus dem Kosmos. Sie sind un
endlich wie er und genauso unerschöpflich. Und sie
haben Wirkungen, die wir uns zunutze machen
können.

Auf der stofflichen Ebene leuchtet uns sofort
ein, dass solch ein Energietransfer wirksam sein
muss, sonst würde alles zum Stillstand kommen.
Keine Zelle hätte mehr die Kraft, sich zu teilen,
keine Pflanze könnte mehr das Sonnenlicht speichern und zum Wachstum nutzen, Ebbe und Flut,
Tag und Nacht, nichts würde es mehr geben.

Weniger Beachtung schenken wir der Tatsache,
dass physikalische und geistige Energie prinzipiell
desselben Ursprungs sind. Und doch wäre der
Mensch nicht imstande, über sich selbst hinauszu-
wachsen, wenn er nicht auch seelisch und geistig
mit kosmischen Energien verbunden wäre.

Betrachten Sie die Fülle dessen, was Menschen
bisher erdacht und geschaffen haben: Es ging stets
darum, gestaltende, heilende und schützende Energien zu finden.

Das versetzte die Astrologen der Mayas in die
Lage, Wetterphänomene exakt zu berechnen und
den günstigsten Zeitpunkt für Aussaat und Ernte
zu ermitteln. Das befähigte Heiler, Kranke gesunden zu lassen, lange vor der Entdeckung der modernen Medizin. Und das gab charismatischen
Herrschern die Macht, ihre Völker zu ungeahnter
Blüte zu führen.

Wie aus dem Nichts erhoben sich große Kulturen aus Dschungel und Wüstensand: die Mayas,
die Azteken, die alten Ägypter. Staunend stehen

wir vor den Zeugnissen ihrer untergegangenen Kulturen, vor Tempeln und Pyramiden, und wir fragen uns: Wie konnte das alles entstehen? Woher nahmen unsere Vorfahren die Kraft – körperlich und geistig?

Diese Kulturen waren nicht denkbar ohne eine Kaste der Seher und Priester, die ihren Völkern den Zugang zum Universum und seinen unbegrenzten Kräften ermöglichten. Sie wendeten das Schicksal der Völker. Sie besänftigten die bedrohlichen Einflüsse, die sie Göttern zuschrieben, und machten sie berechenbar.

So entwickelten sich zahlreiche spirituelle Schulen und Glaubensrichtungen, die nur eins im Sinn hatten: Energiequellen zu erschließen, die den Menschen aus seiner Hilflosigkeit befreiten.

Lange war dieses Wissen verschüttet. Die Naturwissenschaften lösten die magischen Praktiken ab. Alles schien nun wissenschaftlich erklärbar zu sein, und was die spirituellen Schriften enthielten, wurde als Aberglaube verworfen.

Heute liegen die Dinge etwas anders. So sehr wir die naturwissenschaftliche Forschung auch bewundern, der Weisheit letzter Schluss ist sie offenbar nicht. Viele Menschen haben die Grenzen der Wissenschaft erkannt und ihre Tendenz, sowohl Fluch als auch Segen zu bringen. Das mechanistische Weltbild dankt ab. Es gibt mehr Dinge zwischen Himmel und Erde, als die Schulweisheit sich träumen lässt, heißt es schon bei Shakespeare.

Die Wiederentdeckung des Kosmos

So gerieten auch die Energien wieder ins Blickfeld und die Tatsache, dass sie eine unerschöpfliche Quelle der Lebens- und Heilkunst sind. Energie ist heute das spannendste Phänomen überhaupt. Sie ist der Schlüssel unserer Existenz.

Von Atomphysikern bis zu ganzheitlich aufgestellten Heilern ist man einem universalen Rätsel auf der Spur, in der vollen Überzeugung, dass eine ungehinderte kosmische Energieversorgung die Menschheit von ihren Defiziten erlösen könnte. So wie schon die alten Weisen es vermuteten, neigen die Menschen nämlich dazu, sich von den universalen Energien abzugrenzen.

Die Folgen sind eklatant. Immer mehr Menschen klagen darüber, dass ihnen Energie fehle. Psychosen und Depressionen sind zu Volkskrankheiten geworden. Körperliche und seelische Störungen aller Art zeigen, dass die Kommunikation mit dem Kosmos behindert wird. Wir fühlen uns kraftlos und ausgebrannt. Wir lechzen nach Energie – und wissen nicht, woher wir sie nehmen sollen.

Die Urseele dagegen ist pure Energie, und nicht nur das: Sie ist erschaffende Energie. Ihre Kräfte sind es, die wir uns zurückholen müssen. Das ist unsere Bestimmung. Um noch einmal Descartes abzuwandeln: »Ich habe Energie, also bin ich.«

Nicht nur speziell geschulte Menschen erforschen deshalb heute ihr energetisches Potenzial. Sie haben erkannt, dass sie unglücklich und blockiert bleiben, wenn sie es unterlassen.

Es werden immer mehr, die spüren: Jeder kann an den kosmischen Energien partizipieren, wenn er sich empfänglich für sie zeigt: Burn-out-Patienten versuchen, ihre verloren gegangene Energie durch Meditation wiederzuerlangen. Unheilbar Kranke, die von der Schulmedizin aufgegeben wurden, wenden sich an energetische Heiler. Manager ergründen die Energiefelder ihrer Gesprächspartner, um größeren Erfolg bei Verhandlungen zu haben.

Ich sprach einmal mit einer Bekannten, für die Energien ein tägliches »Lebensmittel« sind. Schon als kleines Mädchen hatte sie ihrer Mutter die Hand auf die Stirn gelegt, wenn die unter Migräneattacken litt. Warum sie das damals tat, wusste sie selbst nicht. Sie war ganz einfach überzeugt, dass sie über heilende Kräfte verfügte.

Im Laufe ihres Lebens hatte sie diese Fähigkeit immer weiter entwickelt. Salopp gesagt, bewegt sie sich auf einem hohen Energielevel. Man sagte ihr eine unwiderstehliche Ausstrahlung nach. Auch ich wurde auf unerklärliche Weise von ihr angezogen, und so wie jeder andere fühlte ich mich in ihrer Gegenwart wohl.

Verständlicherweise wollte ich wissen, was ihr Geheimnis sei. Daraufhin erzählte sie mir, dass sie von Kindheit an sehr sensibel für Energiefelder gewesen sei. So blieb es bis heute. Sie spürt sofort, wie ein Raum, ein Gegenstand oder auch ein Mensch energetisch schwingt.

Dabei unterscheidet sie zwischen erschaffenden und zerstörenden Energien. Sobald sie erschaffende

Energien wahrnimmt, kann sie daran teilhaben. Sie dockt sich sozusagen an und lässt sich dadurch aufladen. Handelt es sich aber um zerstörerische Energien, verfolgt sie eine andere Taktik: Sie versucht, diese negativen Energien in positive zu verwandeln; gelingt das nicht, zieht sie sich zurück.

Dabei ist ihr immer bewusst, dass die positiven Energien jene sind, die der Kosmos ihr schenkt. Sie unterscheidet deshalb auch zwischen irdischen und kosmischen Existenzen – seelisch bewussten und seelisch unbewussten Personen, spirituell schlummernden und spirituell erwachten.

Diese Bekannte hat eine untrügliche Intuition. Oft frage ich sie um Rat, wenn wichtige Entscheidungen anstehen oder wenn ich mir nicht sicher bin, wie ich eine Person einschätzen soll. Sie hat so etwas wie einen sechsten Sinn, der ihr das Wesen aller Dinge und Menschen offenbart.

Daneben ist sie fast unbegrenzt schöpferisch tätig. Sie schreibt, malt und macht mit Freunden Musik, hat drei Kinder, die sie mit größter Zuwendung erzieht. Und sie hat eine energetische Sprechstunde eingerichtet, bei der sich Menschen mit psychischen Störungen einfinden.

Jeder fragt sich, wie sie das alles schafft. Für sie ist es so selbstverständlich wie Atmen. Weil sie mit jedem Atemzug Energie erhält, die der unendliche Kosmos ihr sendet.

Nicht jeder hat solche bemerkenswerten Talente. Aber ich weiß, dass jeder seine eigenen zum Vorschein bringen kann – weil ich es selbst erlebt habe. Auch Sie können Kräfte in sich wecken, vorausgesetzt, Sie schulen Ihre energetische Intuition. Das kann mit ganz einfachen Übungen geschehen, die Sie Schritt für Schritt energetisch achtsam machen.

Beginnen Sie mit einer leichten Übung. Schauen Sie sich in Ihrer Wohnung um und betrachten Sie aufmerksam die Gegenstände darin.

Welcher Gegenstand bedeutet Ihnen etwas? Ist es der seltsam geformte Stein, den Sie während eines Urlaubs am Strand gefunden haben? Ist es ein Kerzenständer, den Ihnen jemand zu Weihnachten geschenkt hat? Oder ein Schmuckstück, das Sie an einen bestimmten Mann erinnert?

Nehmen Sie den Gegenstand in die Hand. Erspüren Sie die Energien, mit denen er aufgeladen ist. Was für Energien sind das? Ziehen Sie Kraft daraus? Bleibt er neutral? Oder kehrt eine unangenehme Erinnerung zurück?

Es ist schon merkwürdig, wie wenig Interesse wir normalerweise den Dingen schenken, die uns täglich umgeben. Und doch hat jeder Gegenstand seine eigene Geschichte und sein eigenes Kraftfeld. Wir bleiben davon nicht unberührt. Ohne es zu wissen, kommunizieren wir unaufhörlich mit dem Gegenstand. Im besten Fall lädt er uns positiv auf, im schlechtesten Fall aber raubt er uns Energien.

So hübsch ein Füllfederhalter, ein Kerzenständer oder eine Kette sein mag – wenn solch ein Gegenstand von einer Person stammt, die uns übel will, wird unser Energiefeld empfindlich gestört. Haben wir den besagten Stein während eines Urlaubs gefunden, in dem wir von morgens bis abends mit dem Partner stritten, so haftet an ihm eine destruktive Macht.

Daher sollten Sie sich von negativ besetzten Gegenständen konsequent trennen. Das kostet einige Überwindung, vor allem dann, wenn sie einen gewissen materiellen Wert haben. Doch ich kann Ihnen versichern, dass Sie damit Energieblocker verschwinden lassen, die Sie auf Dauer schwächen werden.

Nicole hat es getan. Nachdem wir über diese Dinge geredet hatten, ging sie schnurstracks nach Hause und nahm wie ein Detektiv alles unter die Lupe. Sie war selbst überrascht, womit sie sich Tag für Tag abmühte. Da war die Vase, die von einer Freundin stammte, die ihr einst den Freund ausgespannt hatte. Da war das Silberbesteck, das ihr eine Tante vermacht hatte, die immer wieder Unfrieden in der Familie verbreitet hatte.

Es kam eine Menge zusammen. Und da für Nicole das Internet ihre zweite Heimat ist, verkaufte sie alles innerhalb weniger Tage. Danach fühlte sie sich frei.

»Ich dachte ja immer, du übertreibst mit deinen Energien«, sagte sie lachend, als sie mich danach anrief. »Aber es stimmt – dieses ganze Zeugs hat mich blockiert. Jetzt ist es, als ob die Wohnung aufatmet. Und ich auch. Als Nächstes ist die Couch dran, die ich mir zusammen mit Klaus gekauft habe. Die schrecklichsten Beziehungsgespräche habe ich auf diesem Ding geführt. Weg damit!«

Sie können diese Übung erweitern, indem Sie nun auch Räume auf ihre Energien hin überprüfen.

Was spüren Sie, wenn Sie ein Büro, ein Restaurant oder eine Arztpraxis betreten? Selbst leere Räume strahlen Energien ab. Sie können in ihnen lesen wie in einem Buch.

Manches wird Ihnen unheimlich vorkommen, denn Ihr neues Sensorium vermittelt Ihnen mit Sicherheit so einiges, was Sie irritiert oder sogar beunruhigt. Sie werden das Bedürfnis bekommen, sich zu schützen. Aber wie kann das geschehen, wenn Sie nicht gerade wie ein Eremit in einer Höhle leben?

Die Achtsamkeit den Dingen gegenüber war nur der Anfang. Denn Ihnen steht die nächste Übung bevor: das Erspüren mentaler Energien. Und da warten noch so einige Überraschungen auf Sie.

Mentale Energien

Die Welt schwingt, vom Sandkorn bis zur Milchstraße. Sie ist durchströmt von Energien, die erschaffen und zerstören. Wenn wir unser Leben und unser Liebesglück günstig beeinflussen wollen, müssen wir die erschaffenden Kräfte zu den unseren machen.

Bedenken Sie, welche gewaltigen Kräfte das sind. Und stellen Sie sich nun vor, wie phantastisch es wäre, Ihr Leben mit Energien aufzuladen, die derart wirkmächtig sind.

Folgen Sie mir also weiter in die Welt der Energien – und in Bereiche, die bereits mit Ihrer Partnersuche zu tun haben. Denn jetzt möchte ich Sie mit den mentalen Energien vertraut machen, die Sie nicht nur in Kontakt mit dem Universum bringen, sondern auch mit Ihrem künftigen Partner. Sie werden ihn förmlich erschaffen, durch seelische Energie.

Im ersten Kapitel erwähnte ich bereits, dass am Anbeginn unseres Universums eine bewusst formende Kraft stand, die wir umgangssprachlich als Urknall bezeichnen. Schier unvorstellbar ist das Ausmaß dieser Energie. Der schöpferische Wille manifestierte sich durch explosive Prozesse, die den gesamten Kosmos schufen, wie wir ihn bis heute kennen.

Seit der Kosmos entstand, ist alles in ihm von dieser Energie durchflutet. Das betrifft nicht nur die stoffliche Ebene, sondern auch die geistige. Was sich in unserem Hirn abspielt, übersteigt beschreibbare chemische und elektrische Abläufe bei Weitem. Das Wunderwerk Gehirn enthält die erschaffende Kraft, die am Ursprung der Welt stand. Seine nahezu göttliche Fähigkeit ist es, die ungeheure Energie des Urknalls zu nutzen, mit unabsehbaren Folgen.

Was hat es nun mit der erschaffenden Energie auf sich? Kommen wir noch einmal auf das Beispiel der Energiefelder zurück, die Sie täglich umgeben – Felder also, die Menschen, Gegenstände oder Räume ausstrahlen.

Ich werde Ihnen zeigen, wie Sie von positiven Feldern profitieren, wie Sie sich vor negativen schützen, vor allem aber, wie Sie diese Felder beeinflussen können. Das ist keine Zauberei. Es ist

Energiearbeit, ein Modus der Kommunikation, der Ihnen hilft, ein besseres, sinnerfülltes Leben zu führen.

Über die erstaunlichen Phänomene mentaler Energien ist immer wieder spekuliert worden. Sätze wie »Der Glaube versetzt Berge« oder »Eine einzige Idee kann die Welt verändern« zeugen davon. Im Nachhinein ist kaum fassbar, wie einzelne Menschen es vermochten, rund um den Globus revolutionäre Prozesse in Gang zu setzen.

Ist es nicht unglaublich, welche Folgen beispielsweise das Werk eines Mannes hatte, der zu Lebzeiten mit vielen Schwierigkeiten zu kämpfen hatte und doch die Kraft besaß, ein bahnbrechendes Buch zu verfassen? Als Karl Marx »Das Kapital« schrieb, ahnte er sicherlich nicht, dass er die politische Landschaft rund um den Globus verändern würde.

Genauso wenig ist rational erklärbar, dass einzelne Männer wie Jesus von Nazareth oder Gautama Buddha Weltreligionen begründeten, obwohl sie im äußeren Sinn vollkommen machtlos waren. Sie alle formten die Welt neu. Und sie alle verfügten über eine geheimnisvolle Strahlkraft.

Niemand würde sich umstandslos mit solchen Figuren vergleichen. So viel Größenwahn wäre dann doch unangebracht. Aber wie Sie gleich sehen werden, können Sie selbst mentale Energien entwickeln, die wahre Wunder bewirken. Eine weitere Übung kann Ihnen diese Sichtweise erschließen.

Täglich begegnen Ihnen eine Menge Leute, im Supermarkt, auf der Straße, im Job, beim Joggen im Park, im Restaurant. Die meisten vergessen Sie sofort wieder. Nur Menschen, die Sie bereits kennen, hinterlassen Spuren in Ihrem Bewusstsein. Und Menschen, die Ihnen wichtig sind, pflügen sogar tiefe Schneisen in Ihre Seele.

Dennoch kommunizieren Sie mit allen Lebewesen, weil Sie in deren mentale Energiefelder geraten – ob Sie nun wollen oder nicht. Oft spüren wir das, wenn wir unerklärliche Stimmungsschwankungen an uns feststellen. Die gute Laune, die uns gerade noch beschwingte, weicht einer trübseligen Stimmung. Oder umgekehrt: Gerade noch waren wir gelangweilt und apathisch, plötzlich jedoch erfasst uns heitere Gelassenheit.

Ein Großteil solcher Schwankungen geht auf das Konto mentaler Energien. Wenn Sie den inneren Film Ihrer Erlebnisse zurückspulen könnten, so würden Ihnen auf einmal Menschen auffallen, die Sie nur flüchtig oder gar nicht wahrgenommen hatten.

Da war die missmutige Verkäuferin im Schuhgeschäft, das Sie kurz betreten und schnell wieder verlassen haben. Der Spaziergänger, der vergnügt vor sich hinpfiff. Die Mutter, die schimpfend zwei Kleinkinder an der Hand hinter sich herzerrte. Das Liebespaar, das eng umschlungen im Kaffeehaus an Ihnen vorbeischlenderte.

Für Sekunden oft nur waren Sie im Kontakt mit diesen Personen. Deren energetisches Feld streifte das Ihre. Und sofort erfolgte eine Reaktion, die Sie als veränderte Stimmung registrierten, ohne die Ursache zu kennen. Vermutlich achteten Sie nicht weiter darauf. Launen kommen und gehen, dachten Sie, und gingen zur Tagesordnung über.

Die meisten Menschen meinen, dass sie nur mit jenen Personen kommunizieren, mit denen sie reden, oder allenfalls noch mit solchen, die im Blickkontakt zu ihnen stehen. Der Rest scheint völlig unerheblich zu sein. Doch das ist eine Täuschung.

Unser Bewusstsein muss gar nicht aktiv werden, um in energetischen Kontakt mit jemandem zu treten. Der Energieaustausch findet unwillkürlich statt, auch wenn er gar nicht auf die Oberfläche des Bewusstseins gelangt.

Die nächste Übung besteht deshalb darin, dass Sie einen Tag lang sehr genau beobachten, wer Ihnen über den Weg läuft und wie sich das auf Sie auswirkt. Es ist unglaublich spannend, was Sie dabei erfahren werden.

Achten Sie auf die Energiefelder: Wirkt ein Mensch freudig, kraftlos oder aggressiv? Trifft Sie der Eishauch innerer Leere oder der wärmende Strahl des Glücks? Öffnen Sie sich oder verschließen Sie sich? Haben Sie den Impuls, zu flüchten, oder genießen Sie die Gegenwart einer Person?

Energiefelder haben unendlich viele Facetten. Auf die Dauer werden Sie zweifelsfrei herausfinden, in welcher Weise Menschen energetisch »ticken« und was das mit Ihnen macht. Spüren Sie in sich hinein. Haben Sie die Fähigkeit, sich von einer positiv energetisierten Person regelrecht »anstecken« zu lassen? Können Sie einer negativ geladenen Person etwas entgegensetzen?

Machen Sie es sich zur Gewohnheit, mit neuen

Sensoren durch die Welt zu gehen. Stellen Sie sich dabei vor, dass Sie nicht passiv sind, sondern aktiv. Sie können nicht nur empfangen, Sie können auch gestalten. Liefern Sie sich keinesfalls den Menschen aus, deren Energiefelder sich mit den Ihren verbinden.

Als ich zum ersten Mal eine Situation bewusst energetisch gestaltete, ging es um viel. Ich war wie schon erwähnt nach einem folgenschweren Unfall ins Koma gefallen. Mein Zustand war so schlecht, dass mir die Ärzte kaum Überlebenschancen einräumten. Und wenn, so war die einhellige Meinung unter der Ärzteschaft, dann würde ich wohl nie mehr ein Leben wie früher führen können. Denn fast alle meine inneren Organe hatten versagt, selbst das Herz arbeitete nur mehr aufgrund hoher Gaben von Noradrenalin, eine Substanz, die dem Körper nur über kurze Zeit zugeführt werden kann, da ansonsten schon die Nebenwirkungen tödlich wären.

Als mir nach dem Erwachen aus dem Koma meine schier ausweglose Situation bewusst wurde, war mir klar, dass meine einzige Möglichkeit, jemals wieder ein normales Leben in einem völlig gesunden Körper führen zu können, darin lag, dass ich meine gesamte mir noch verbleibende Energie darauf ausrichtete, mir die Gesundung meines Körpers in allen Einzelheiten vorzustellen. Während meine Bettnachbarn auf der Intensivstation, so sie überhaupt noch dazu in der Lage waren, immerfort jammerten und ihr Schicksal beklagten beziehungsweise sich im besten Fall von täglichen Psychiatergesprächen »aufmuntern« ließen, blendete ich alles aus, was mich nur irgendwie schwächen konnte.

Selbst die täglichen Routinebesuche der Ärzte, die immer nur mit bedauernder Miene den Kopf schüttelten und meinten »Es sieht sehr schlecht aus«, konnten mir nichts anhaben. Denn Aufgeben kam für mich nicht infrage. Ich wusste, dass dies alles auf irgendeine Weise, die ich nur aus meiner jetzigen Sicht nicht wahrnehmen konnte, seinen festen Sinn hatte, mit anderen Worten kosmisch gewollt war. Statt mich also in sinnlosen Klagen über mein trauriges Schicksal – ich war noch dazu völlig »unverschuldet« in diese Situation geraten – zu ergehen, war ich fest entschlossen zu kämpfen – allerdings ohne Waffen. Denn wenn Energiefelder so unendlich viel bewirken konnten, warum benutzte ich sie dann nicht?

Irgendwie empfand ich, dass dies meine »Meisterprüfung« sei und zeigen werde, wie stark mein Wille wirklich wäre. Ich war überzeugt, dass ich wieder völlig gesund werden könnte, ich musste es mir nur ohne die geringsten Zweifel intensiv vorstellen. Ich schloss die Augen und konzentrierte mich auf mein eigenes Energiefeld. In Gedanken verließ ich den Raum, bald schwebte ich über dem Krankenhaus, schwebte höher und höher, bis ich mich im Kosmos wiederfand. Mit anderen Worten: Ich meditierte. Und nun holte ich mir Kraft. Ich dachte an die erschaffenden Energien, die mich umgaben. Ich nahm Kontakt mit ihnen auf und suchte den Austausch mit dem Universum. Stark fühlte ich mich auf einmal, unverletzlich, voller Freude.

Langsam kehrte ich an mein Krankenbett zurück und stellte mir meinen Körper, der wie eine leblose, nicht zu mir gehörende Masse vor mir lag, vor, wie er sich mit der neu geholten Energie anfüllte. Da ich eine Ausbildung in Prana Healing habe, stellte ich mir dazu noch die verschiedenen heilenden Farben vor. Mein ganzes Zimmer war ein Lichtermeer aus bunten Farben. Die ständigen Piepstöne der mich am Leben erhaltenden Apparate nahm ich nur mehr sehr fern wahr, ich war in meiner eigenen Welt aus Farben und Energien, die mir unendlich zur Verfügung standen. Ich brauchte mich nur daraus zu bedienen.

Besonders gut gelang mir diese »kosmische Heilungsreise« immer bei Sonnenuntergang. Da wurde es im Raum etwas ruhiger, das Krankenhauspersonal hatte seinen Schichtwechsel und ich konnte durch eine kleine Drehung, die mir trotz der vielen Schläuche, die aus meinem Körper ragten, möglich war, die untergehende Sonne sehen. Ich spürte, wie mich ihre lebensspendende Energie umhüllte, und bald war alles in ein wohliges goldenes Licht getaucht. Nie ließ ich nur einen einzigen negativen Gedanken zu. Im Gegenteil, ich war dankbar dafür, dass mir so eine Erfahrung zuteilwurde und mir der Kosmos all seine Energien und seine Weisheit zur Verfügung stellte, um mich aus eigener Kraft aus meiner misslichen Lage zu befreien. So vermittelte ich der Sonne täglich meine Dankbarkeit für ihre unendliche schöpferische, positive Energie, die sie mir zuteilwerden ließ.

Keine Sekunde zweifelte ich daran, dass ich

wieder völlig gesund werden würde. Seltsamerweise hatte ich keine Spur von Angst. Eine wunderbare Freude und Dankbarkeit dem Leben gegenüber durchströmte mich. Mir war klar: Das Gute wird siegen, wenn ich es nur will. Wir sind dazu da, um zu erschaffen. Der Kosmos will etwas aufbauen, sich in uns erfahren.

Und dann war es so weit. Nach acht Wochen auf der Intensivstation und zahllosen Operationen wurden die Schläuche aus meinem Körper gezogen und die Ärzte sagten mir, ich würde wieder ein ganz normales Leben führen können. Es war ein Schlüsselerlebnis. Ich hatte etwas positiv gestaltet, das nur wenige Wochen vorher niemand für möglich gehalten hätte. Mein Geist hatte über meinen Körper gesiegt. Von da an war mir klar: Nie mehr würde ich mich als Opfer eines schlimmen Schicksals oder böser Mitmenschen sehen. Ich alleine hatte es in der Hand, mein Leben positiv und freudvoll zu gestalten. Und der Kosmos war mein bester Freund dabei.

Können Sie sich vorstellen, wie glücklich ich damals war? Ich hätte singen und tanzen mögen, so viel kosmischen Rückenwind spürte ich. Das Undenkbare war geschehen – die positive Verwandlung einer ausweglosen Situation. Sicherlich war da auch noch die herausragende medizinische Betreuung, die ich erfuhr.

Doch dass ich Energiefelder erkennen und beeinflussen konnte, machte mich sprachlos. Ich bedankte mich beim Kosmos. Es war ein freudiges Gebet, das ich seinen schöpferischen Kräften widmete.

Erschaffende Energien

Ich kann wirken, und ich kann etwas bewirken, diese Erkenntnis beseelte mich und gab mir später das Selbstvertrauen, beruflich und persönlich Pfade zu beschreiten, die ich für unmöglich gehalten hatte. Es steckte ein ungeheures Gestaltungspotenzial in mir, in einer einzelnen Frau, die überhaupt nicht einflussreich im herkömmlichen Sinne war.

Wann haben Sie in der letzten Zeit wichtige Gespräche geführt, von denen viel abhing? Haben Sie sich auch gewünscht, Sie könnten etwas daran positiv steuern? Haben Sie nach Möglichkeiten gesucht, Ihre besten Absichten in beste Realitäten zu verwandeln?

Ihre Intuition hat Sie nicht getrogen. Als ich von den alten Geheimwissenschaften sprach, erwähnte ich erschaffende, schützende und heilende Energien. Sie sind es, die Sie von nun an begleiten werden. Und sie sind es, die Ihnen auch den Partner Ihrer Träume zuführen.

Man könnte diese Energien zusammenfassen als formende Kräfte.

Sie verleihen jenen, die sie einzusetzen wissen, eine umfassende gestaltende Macht.

Deshalb wurde das Wissen jahrtausendelang vor den Blicken »Unwürdiger« verborgen. Zahlreiche Geheimorden und exklusive Logen setzten alles daran, lediglich Eingeweihte einen Blick darauf werfen zu lassen. Sie mussten sich in jahrelangen Exerzitien und Prüfungen erst als würdig erweisen.

In den falschen Händen, so die Befürchtung, konnte das Wissen gefährlich werden, als Machtmissbrauch und schwarze Magie. So wuchs ein Schatz okkulten Wissens im Schatten der sichtbaren Geistesgeschichte. Genies wie Isaac Newton und Francis Bacon waren Bindeglieder zwischen den beiden Wissenssphären. Sie waren Logenmitglieder der höchsten Grade, gleichzeitig betrieben sie Studien, die sie veröffentlichten, ohne ihre geheimen Erkenntnisse preiszugeben.

Wenn ich Ihnen die Gestaltungsmacht mentaler Energien darlege, tue ich das nicht leichtsinnig. Die Erfahrung hat gezeigt, dass zerstörerische Absichten und erschaffende Energien kaum dazu geeignet sind, eine produktive Allianz einzugehen.

Der Kosmos zerstört nur, um aufzubauen. Oder, anders gesagt: Der Kosmos unterstützt lediglich das Prinzip des Schöpferischen. Wer dem Prinzip zuwiderhandelt, wird selbst zum Opfer seines Handelns. Ehe er es sich versieht, wird er sich zerstören und am Leben scheitern. Ich vertraue daher ganz auf das positive Wirkgesetz und lege es Ihnen hiermit vertrauensvoll in die Hände.

Gehen Sie gut damit um. Benutzen Sie es nicht, um anderen zu schaden oder sich Vorteile auf Kosten anderer zu verschaffen. Diese Taktik wird misslingen, und am Ende werden Sie Ihr Recht auf das kosmische Glück verwirkt haben.

Der Kosmos transformiert Sie durch seine Kraft der Verwandlung. Er spricht unmittelbar Ihre Seele an. Und die ist nicht das, was Sie erlebt haben, sondern das, was Sie im Innersten sind.

Schließen Sie mit Ihrer Biografie ab. Verabschieden Sie sich freundlich von allen belastenden Erfahrungen und seelischen Verletzungen. Vergeuden Sie keine Zeit mehr damit, Fehler zu analysieren und Ihre vermeintlichen Schwächen zu ergründen. Solange Sie das tun, werden Sie nämlich ein ganzes Bündel destruktiver Energien mit sich herumtragen.

Lösen Sie sich von allen therapeutischen Konzepten, die Sie mit Ihren Problemen in Kontakt bringen. Ja, Sie hatten Probleme. Sie mussten innere Konflikte aushalten und Enttäuschungen hinnehmen. Doch Sie dürfen sich keinesfalls darauf fixieren.

Es ist ein uraltes Gesetz: Was wir zum Zentrum unserer Wahrnehmung machen, definiert unser gesamtes Sein. Wir sind das, was wir zulassen. Wir leben so, wie wir uns und unsere Umgebung wahrnehmen.

Der Pessimist wird überall Gefahren und Probleme wittern und ganz im Banne seiner negativen Erwartungen stehen, unfähig, das Gute und Positive anzunehmen. Die Überzeugung, dass alles schlecht ausgehen wird, macht ihn zum Unglücksraben: Der notorisch Eifersüchtige wird betrogen, der ewig Misstrauische wird hintergangen.

Sie kennen dieses Phänomen aus der Medizin. Die sogenannte Hypochondrie bezeichnet eine Störung, bei der jemand fest davon überzeugt ist, krank zu sein. Obwohl er organisch gesund ist, zeigt er dennoch alle Symptome einer Erkrankung. Bildet er sich beispielsweise ein, einen Gehirntumor zu haben, führt diese Zwangsvorstellung zu rasenden Kopfschmerzen.

Im Englischen nennt man das »self-fulfilling prophecy«, die sich selbst erfüllende Prophezeiung. Fatal ist sie dann, wenn es sich um eine negative Prophezeiung handelt. Segensreich hingegen wirkt sie beim sogenannten »Placebo-Effekt« – wenn jemand sicher ist, ein heilkräftiges Medikament einzunehmen, obwohl es wirkstofffrei ist. Er wird gesunden, ganz ohne Arzneistoffe, weil die freudige Erwartung auf Heilung seine Selbstheilungskräfte weckt.

Das ist mehr als Autosuggestion. Wenn die Seele glaubt, folgt der Körper nach. Die Energien, die die Seele an sich zieht, wirken bis in die winzigste Zelle hinein. Und da Energien kosmischer Natur sind, ist das, was wir als Glaube bezeichnen, nichts anderes als das Vertrauen in die aufbauenden und heilenden Wirkgesetze des Kosmos.

Das kosmische Energiegesetz ist positiver Wandel und im besten Falle spirituelle Transformation. Dafür müssen Sie die Vergangenheit loslassen, achtsam für die Gegenwart werden und freudig in die Zukunft schauen. Dort wartet Ihr Partner auf Sie, der Partner, nach dem sich Ihre Seele sehnt.

Bauen Sie auf diese Weise Ihr ganz persönliches Energiefeld auf. Beginnen Sie zu meditieren. Energiemeditationen sind ein unschätzbarer Freiraum, in dem Sie die Kräfte Ihrer Seele entdecken. Nehmen Sie günstigen Einfluss auf Ihre Umwelt. Schenken Sie sich und anderen positive Energien. Genießen Sie das Glück, alles zum Guten zu wenden. Wie gesagt, Sie haben es in der Hand.

Damit kommen wir jetzt zu dem Thema, auf das Sie schon gewartet haben: der Mann, der Ihr idealer Partner ist. Es gibt ihn. Er sehnt sich nach Ihnen, so, wie Sie sich nach ihm sehnen. Doch wie helfen Ihnen erschaffende Energien, ihm zu begegnen?

Die Welt gehört Ihnen. Eine neue Ära beginnt. Erschaffen Sie sich Ihren Partner, indem Sie Ihre Seele stark machen. Nehmen Sie Kontakt mit ihm auf. Sie werden einander spüren, lange, bevor Sie sich zum ersten Mal in die Augen sehen. Vertrauen Sie dem Kosmos Ihre seelischen Wünsche an. Und seien Sie sicher: Kein Wunsch geht verloren.

Möglich wird das durch Resonanz. Wenn wir energetisch kommunizieren, so werden wir zum Resonanzkörper, der mit allem Verbindung aufnehmen kann, von weit entfernten Gestirnen bis zum idealen Partner. Warum das so ist und wie Sie durch das Geheimnis der Resonanz Ihren Traummann entdecken, das erfahren Sie im nächsten Kapitel.

4. KAPITEL

Magisch angezogen

Wie Sie durch Resonanz zum Partner geführt werden

Ich war vielleicht fünf, sechs Jahre alt, als ich mit meinen Eltern ein Varieté besuchte. Auf der Stelle war ich hingerissen. Ein Zauberkünstler zog weiße Kaninchen aus seinem Zylinder, eine leicht bekleidete Dame wurde zersägt, eine putzige Pudeltruppe führte ihre Kunststückchen vor.

Am meisten aber faszinierte mich der Mann mit der Glasharfe. Er stand vor einem Tisch mit etwa zwanzig Gläsern, die mit Wasser gefüllt waren. Nun feuchtete er seine Fingerspitzen an und fuhr damit über die Glasränder. Eine überirdische Musik erklang, zart, schwebend, als käme sie geradewegs aus einem Feenreich.

Gebannt sah ich zur Bühne. Etwas in mir vibrierte. Was war das? Die Musik schien mich mitten ins Herz zu treffen. Ich war glücklich. Aber warum?

Auf dem Nachhauseweg fragte ich meine Eltern, wie der Mann das gemacht habe. »Er arbeitet mit Schwingungen«, erklärte mein Vater. »Wenn er die Gläser berührt, fangen sie hörbar an zu schwingen. So erzeugt er Töne. Das kannst du übrigens auch.«

Schwingungen, was für ein schönes Wort, dachte ich damals. Ich stellte sie mir vor wie bunt gefiederte Schwingen von Phantasievögeln, die alles zum Klingen brachten. Natürlich probierte ich die Glasmusik noch am selben Tag zu Hause in der Küche aus – und war entzückt, als ich wenigstens ein paar der wundersamen Feenklänge zustande brachte.

Es war das erste Mal, dass ich eine Ahnung erhielt, was Schwingungen auslösen können. Und zum ersten Mal erfuhr ich auch, welche Wirkungen sie haben, in einem Bereich meines Selbst, den ich noch nie so stark gespürt hatte.

Alles schwingt

Das Bild von dem Mann mit der Glasharfe hat mich seither nicht mehr losgelassen. Es kam mir wieder überdeutlich in den Sinn, als ich über Energien nachdachte.

Wo Energien wirken, wird etwas in Schwingung versetzt. Auf der materiellen Ebene kann das mit Wassergläsern geschehen, oder wenn ein Geiger die Saiten seiner Violine mit dem Bogen streicht. Die Saite schwingt wie das Glas, ein Ton entsteht. Auch wenn wir im Flugzeug sitzen, übertragen sich Schwingungen, das Vibrieren der Motoren fühlen wir am ganzen Körper.

In der Physik bezeichnet man die Intensität der Schwingung als Frequenz. Dabei unterscheiden Physiker zwischen der Eigenfrequenz und einer weiteren, die sich auf den Schwingungskörper überträgt und ihn verändert. Aus zwei Frequenzen wird eine dritte.

Genau genommen ist Schwingung eine Information, die übermittelt wird. In dem Varieté meiner Kindertage war etwas Außergewöhnliches vor sich gegangen: Ich hatte eine physikalische Schwingung erlebt, doch sie entlud sich bei mir als eine seelische Frequenzänderung. Anders war mein urplötzliches Glück nicht erklärbar.

Nach vielen Jahren spirituellen Lernens weiß ich: Auch unsere Seele schwingt. Sie sendet und empfängt auf Frequenzen, die zwar nicht physikalisch messbar sind, die wir aber sehr genau beschreiben können. Wenn wir sensibel für Energiefelder werden, decodieren wir verschiedenste seelische Frequenzen: als Stimmung, als Absicht, als energetische Ausstrahlung.

Was ich Ihnen im vorhergehenden Kapitel schilderte, das Erkennen und Steuern von Energiefeldern, hat hier seinen Ursprung: Es beruht auf Schwingung und Resonanz. Wenn uns ein fremdes Energiefeld streift und sich ein spontaner Kontakt herstellt, beginnt ein interessantes Wechselspiel. Durch Resonanz kommunizieren wir, Informationen werden übermittelt, ohne technische Hilfe.

Jede Person kann also Informationen an eine andere übertragen, ohne auch nur ein Wort zu sagen. Die beiden Personen müssen sich nicht einmal im selben Raum befinden. Es kommt nur darauf an, dass ihre Seelen korrespondieren. Energie, Schwingung und Resonanz ereignen sich in der Unendlichkeit des Raums.

Im »Latte-Macchiato-Club« bat ich einmal meine Freundinnen, sie sollten schildern, ob ihnen etwas aufgefallen sei, als sie mit einem Partner tief verbunden waren. Gab es da eine Kommunikation, die ohne Gespräche, ohne Handy und ohne E-Mail funktionierte?

»Klar«, sagte Nicole. »Leider habe ich das noch nie mit einem Partner erlebt. Aber mit meiner Mutter.« Wir mussten lachen. Ausgerechnet mit ihrer Mutter? Nicole amüsierte sich selber darüber.

»Klingt krass, war aber so«, erzählte sie. »Meine Mutter und ich, wir hatten immer schon einen besonderen Draht zueinander, was man ja nicht immer über Mütter und Töchter sagen kann. Oft riefen wir uns in derselben Sekunde gegenseitig an und hörten dann nur das Besetztzeichen. Wir hatten im selben Moment aneinander gedacht. Komisch, oder?«

»Ein Freund, der sehr glücklich mit seiner Frau ist, sagt genau das Gleiche«, mischte sich Ulrike ins Gespräch. »Im Grunde müssen sie nicht einmal miteinander telefonieren. Sie wissen immer, wie es dem anderen geht.«

»Wirklich? Ist das etwa Telepathie?«, fragte Kerstin.

»Keine Ahnung.« Ulrike überlegte. »Wenn dieser Freund gute Laune hat, förmlich aus dem Nichts, dann weiß er: Meiner Frau geht es gut. Einmal war er wie aus heiterem Himmel völlig niedergeschlagen. Da muss etwas passiert sein, dachte er. Sofort rief er seine Frau an: Sie war hingefallen und hatte sich den Arm gebrochen!«

»Das ist ja irre!«, rief Kerstin. »Eine ähnliche Geschichte habe ich mit meiner Tochter erlebt. Ich war abends unterwegs und hatte einen Babysitter engagiert. Doch ich war unruhig. Mitten im Film bin ich aus dem Kino gerannt und nach Hause gefahren.«

Nicole hob entrüstet die Hände. »Nicht wirklich, oder? Bist du denn die Übermutter?«

»Nein«, widersprach Kerstin. »Es war Intuition. Meine Tochter saß weinend im Bett, als ich nach Hause kam. Und das Mädchen, das sich um sie kümmern sollte, hockte in der Küche, futterte sich durch meinen Kühlschrank und las Zeitung. Ich hatte gespürt, dass meine Tochter todtraurig ist. Einfach so.«

Ich war fasziniert. »Das war seelische Kommunikation, ganz bestimmt sogar. Ihr habt euch energetisch ausgetauscht, mit Gedanken und Gefühlen.«

»Das heißt – Kerstins Tochter hat einen Beschwerdebrief per Gedankenpost geschickt?«, vergewisserte sich Nicole. »Und die Frau mit dem gebrochenen Arm hat ihrem Mann den Schmerz *seelisch gesimst*?« Wieder mussten wir lachen.

Was Ulrike und Kerstin beschrieben, ist tatsächlich eine Spielart der Telepathie, ein anderes Wort für Gedankenübertragung. In der Parapsychologie ist sie seit mehr als hundert Jahren ein ebenso bekanntes wie rätselhaftes Phänomen.

In unzähligen Science-Fiction-Romanen und esoterischen Schriften haben Autoren seither Phantasien entwickelt, wie ihre Figuren über Zeit und Raum hinweg Kontakt miteinander aufnehmen.

Die Helden solcher Bücher können mühelos Gedanken und Gefühle übermitteln, eine beneidenswerte Gabe. Aber ist sie auch real? Oder nur ein Fall für abgefahrene Esoteriker und versponnene Ufologen?

Telepathie im engeren Sinne ist recht konkret. So haben Parapsychologen umfangreiche Tests angestellt, um diese Fähigkeit zu überprüfen. Sie forderten eine Versuchsperson auf, sich ein bestimmtes Symbol zu merken, das auf einem Blatt Papier abgebildet war. Anschließend sollte sie es einer zweiten Person gedanklich senden.

Bemerkenswert häufig kam es tatsächlich zu einer Übertragung. Die zweite Person malte das entsprechende Symbol auf. Mission completed, Experiment gelungen, sehr zum Missfallen der naturwissenschaftlichen Hardliner natürlich, die das als Hokuspokus abtaten.

Nicht immer jedoch gelang der Versuch. So sehr sich die Probanden auch konzentrierten – nichts geschah. Offenbar mussten noch andere Faktoren hinzukommen, damit ein geistiger Austausch möglich wurde. So simpel wie eine SMS von Hirn zu Hirn war die Sache nicht.

Erst wenn wir berücksichtigen, was seelische Schwingung ist und wie sie zwei Menschen kommunizieren lässt, kommen wir dem Rätsel näher. Die Seele ist kein Apparat, an dem wir nur ein paar Tasten drücken müssen, um Gedanken und Gefühle per Express auf die Reise zu schicken. Vielmehr muss eine hochfrequente energetische Resonanz wirksam werden.

So, wie alles schwingt, ist auch alles durch Resonanz verbunden. Dabei können die Reaktionen jedoch höchst unterschiedlich ausfallen. Manche Frequenzen beeinträchtigen unser seelisches Wohlbefinden, weil der »Sender« völlig anders schwingt. Das empfinden wir als Störung. Wir sind irritiert, sogar abweisend, und schotten uns ab.

Dementsprechend gibt es starke und schwache Resonanz. Die höchste seelische Erfüllung erleben wir, wenn wir eine maximale harmonische Resonanz empfinden. Es ist im wahrsten Sinne des Wortes ein Einschwingen. Die Frequenzen überlagern sich nicht, sie ringen auch nicht miteinander, sondern sie ergänzen sich.

Es ist das größte Wunder des Universums: Zwei seelische Frequenzen werden in einer dritten zum perfekten Einklang. Und genau das vollzieht sich, wenn Sie Ihren kosmischen Partner treffen.

Die kosmische Dimension der Resonanz ist vielleicht nicht auf den ersten Blick greifbar. Doch Sie werden sehen: Nur als kosmische Wesen sind wir wahrhaft seelische Wesen. Nur in Verbindung mit der Urseele des Kosmos treten wir in einen Kontakt, der den Namen Liebe verdient.

Das Wesen des Energieaustauschs

Wie Sie bereits wissen, reagieren wir meist unbewusst auf seelische Energiefelder. Wir können uns ihnen nicht entziehen. Wie Statisten wirken wir bei Vorgängen mit, die wir nicht verstehen.

Sobald wir aber die Hintergründe kennen und

achtsam sind, ändert sich die Lage entscheidend. Wir steigen zum Regisseur unserer energetischen Erlebnisse auf. Nun sind wir fähig, Einfluss auf die Wirkungen zu nehmen und können die störenden Energiefelder sogar verändern – wie ich es bei meinem Wiedereintritt in das Leben nach dem Koma tat.

Physiker würden hier zwei Fachbegriffe nennen: Selektion und Affirmation. Fachchinesisch, zugegeben, aber sehr spannendes Fachchinesisch.

Selektion bedeutet: Wir wählen bewusst aus, mit wem wir unsere Energien austauschen. Wir lassen nicht jedwede Schwingung in die inneren Zonen unserer Seele. Auch Sie sollten das nicht mehr tun: keine Dulderhaltung mehr!

Sie haben jetzt das Wissen, mit dem Sie unerwünschte Resonanz verweigern und damit ab sofort Energieverluste verhindern können. Verstärken Sie Ihr positives Energiefeld und wehren Sie alles ab, was es stört. Das ist ein starker Schutz. Jeder sollte sich darin üben. Wer schützende Energien bemüht, ist den Gedanken und Gefühlen anderer Personen nicht länger ausgeliefert.

Affirmation dagegen heißt: Wir bejahen die Kontaktaufnahme. Bewusst verbinden wir uns mit einem zweiten Energiefeld und ziehen ungeheure Kräfte daraus. So potenziert sich positive Energie – denn Energie ist eine Substanz, die erst im freien Fluss ihre wahre Macht entfaltet, nicht in der Beschränkung.

Gehen wir also auf den angebotenen Austausch ein, handelt es sich um erwünschte Resonanz. Wir schwingen uns ein und laden uns auf. Im Laufe meines spirituell erwachten Lebens sind diese Prozesse immer wichtiger für mich geworden. Sie sind der Schlüssel eines energetischen Lebens und innerer Harmonie.

Ich verstand, warum ich früher manchmal wie gelähmt gewesen war. Bis in meine körperliche Verfassung hinein konnte ich spüren, wenn ein negativ schwingender Mensch mich überwältigte. Eine unerklärliche Mattigkeit befiel mich. Ich war früher unfähig, dem etwas entgegenzusetzen, weil ich die Ursache nicht begriff. Und es dauert manchmal Tage, bis ich mich von der Lähmung erholte.

Andererseits kannte ich auch positive Übertragungen. Erkennbar waren sie als seelische Zustände der Freude und der Zuversicht. Ich hatte jemanden getroffen, der mich inspirierte und begeisterte – und diese positive energetische Erfahrung hielt an, auch noch nach Tagen.

Nichts ist so anregend und vitalisierend wie ein gelungener resonanter Kontakt.

Die Sprache ist klug. »Begeistern«, dieses Wort enthält den Begriff Geist; wir haben während des energetischen Austauschs teil an einer geistigen Kraft, die uns zu neuen Taten und Gedanken befähigt.

Künstler sprechen dann von »Inspiration«. Der Geist – lateinisch »spiritus« – kommt über sie, erfüllt sie und lässt etwas Neues entstehen, eine Komposition, ein Gedicht, ein Gemälde.

Inspirierend für einen Künstler kann durchaus ein anderer Mensch sein, etwa die sprichwörtliche

Muse, die seinen Geist zu Höchstleistungen emporträgt. Wesentlich häufiger aber bezieht er seine schöpferische Energie aus einer anderen Sphäre: Sie stammt direkt aus dem Kosmos, aus seinem Reservoir von Energien, Gedanken und Ideen. Von dort aus wird dem Künstler das Geniale geschickt, das seine Arbeit ausmacht.

Damit ist der Energiefluss längst noch nicht abgeschlossen. Was uns nämlich an Kunstwerken so fasziniert, sind die Energien, die sie durchfließen und auch uns erfassen. Was die Seele des Künstlers energetisch aufnimmt, gibt er an uns weiter. Der Schriftsteller Oscar Wilde sagte denn auch: »Die Kunst spricht von Seele zu Seele.«

Eine bestimmte Musik kann uns zutiefst beglücken, ein Gedicht reißt alle Barrikaden der Seele nieder, ein Gemälde versetzt uns in höchstes Entzücken. Unwillkürlich suchen wir solche Erfahrungen. Millionen von Menschen pilgern jährlich zur Mona Lisa im Pariser Louvre und strömen in die Sixtinische Kapelle in Rom. Millionen von Menschen hören täglich inspirierende Musik, um Energie daraus zu ziehen.

Wirksam wird dabei kosmische, überirdische Energie. Irdisches Glück dagegen ist von Interessen bestimmt. Wir wollen etwas besitzen und nur für uns haben – sei es ein Gegenstand oder ein Mensch. Kunstwerke können uns dagegen zutiefst erfreuen, ohne dass wir sie besitzen müssten.

Der Philosoph Immanuel Kant sprach daher von »interesselosem Wohlgefallen«, wenn uns ein Kunstwerk berührt. Es ergreift uns, wenn wir uns glückhaft in ein Kunstwerk versenken. Dafür müssen wir es nicht kaufen, alles, was zählt, ist das Erlebnis.

Nun verlassen wir dieses Beispiel und wenden uns Ihrem künftigen Partner zu. Stellen Sie sich vor, dass sein Energiefeld Sie erreicht. Sie haben es seelisch gesucht, plötzlich spüren Sie, wie Sie andocken. Ein heißer Energiestrom flutet Sie. Etwas unfassbar Schönes, Freude, Harmonie, Glück.

Das schier Unglaubliche ist: Noch kennen Sie den Menschen nicht, der das möglich macht. Kein lächelndes Gesicht blickt Sie an, keine freundliche Stimme erwärmt Ihr Herz. Noch ist er nur eine Seele, die sich irgendwo im Kosmos verbirgt und ihre Energien aussendet. Doch Sie stehen im Kontakt. Es ist Ihr Partner, der Mensch, den der Kosmos für Sie bestimmt hat.

All das ist überirdisch. Sie spüren es daran, dass Sie diesen Menschen nicht besitzen wollen und auch gar nicht besitzen können. So wenig wie die Mona Lisa, so wenig wie die Musik. Für Sie existiert nur das Energiefeld, das von ihm ausgeht.

Und das Wunderbare ist: Vorerst ist das vollkommen ausreichend. Lassen Sie sich Zeit. Freuen Sie sich daran, dass Sie an der seelischen Energie Ihres Partners teilhaben, sich mit ihr austauschen und sie verstärken. Mit anderen Worten: Genießen Sie die beglückende Resonanz in vollen Zügen!

Verpassen werden Sie nichts. Es gibt keinen Grund zur Eile. Der Ursprung des Energiefelds, das Sie durch Affirmation verstärken, liegt wie jede andere Energie im Kosmos. Auch Ihr Partner wird mit kosmischer Energie versorgt, und so könnte man sagen: Sie haben Ihr Date schon. Sie haben ein Date mit dem Kosmos.

Das Resonanzgeschehen ist im Gegensatz zu Gefühlsillusionen völlig real. Kein Emotionstheater degradiert Sie zum Zuschauer Ihrer selbst erzeugten Lovestory. Sie empfinden unbegrenzte Liebe, für alles, was existiert – und natürlich für Ihren Partner.

Jetzt können Sie wirklich die Welt umarmen, Sie tun es sogar, denn Ihre Seele umarmt das ganze Universum. Da Sie den energetischen Kontakt bejahen, schwingen Sie im freien Austausch mit allen verfügbaren universalen Energien.

Diese Liebe ist gleichzeitig magisch und energetisch erklärbar. Sie verschränken sich synchron mit dem Partner und dem Kosmos. Das setzt ungeahnte Energien frei. Sie leben Millionen von Leben simultan. Alle seelischen Liebesschwingungen sind Ihnen zugänglich, alle, die jemals empfunden und durchlebt wurden.

Das ist die höchste Bestimmung des Menschen. Das ist das Glück, das der Kosmos für ihn bereithält, so wie den Partner, der aus dem Nebel der Sehnsucht in die Wirklichkeit tritt.

Die Resonanz des Glücks

Gut möglich, dass Sie jetzt andächtig geworden sind. Ich war es jedenfalls, als ich zum ersten Mal von diesem Wunder erfuhr. Ein tiefer Respekt vor der Weisheit des Kosmos erfasste mich.

Die kosmischen Gesetze sind so klar und logisch, dass man sie geradezu bewundern muss. Sie fordern uns auf, uns selbst zu erkennen. Sie ermutigen uns daraufhin, Freude und Glück in ihrer ganzen Reinheit zu entdecken. Dann erst, wenn dieser seelische Reifungsprozess abgeschlossen ist, zeigt der Kosmos uns den Partner, den er für uns ausgewählt hat.

Würden wir nicht Schritt für Schritt den Weg der inneren Entwicklung gehen, so könnte es passieren, dass wir gleichgültig am idealen Partner vorbeilaufen. Wir hätten kein Sensorium, um seine Gegenwart zu spüren. Und wir würden auch gar nicht wissen, was wir mit ihm anfangen sollten, abgesehen von den üblichen Beziehungsritualen.

Am Beginn steht der Transformationsprozess. Er ist das Tor, durch das wir das Paradies der unendlichen seelischen Liebe betreten. Erst also, wenn wir selbst das Glück einer frei schwingenden Seele in uns tragen, sind wir ausreichend vorbereitet auf den Partner unserer Sehnsucht.

Wie ein geniales Puzzle setzte sich alles vor meinem inneren Auge zusammen, als mir aufging, was seelische Liebe in Wahrheit bedeutet: Selbsterkenntnis, seelische Befreiung und energetische Resonanz. Das ist die Aufgabe, vor der jeder steht. Und das ist das Geschenk, das uns der Kosmos macht.

Sind Sie ein bisschen ungeduldig geworden? Fragen Sie sich schon, auf welch verschlungenen Pfaden Sie Ihren Wunschpartner in Fleisch und Blut treffen werden? Das könnte ich gut verstehen.

Selbstverständlich bleibt es nicht beim Austausch seelischer Energien. Eine liebende Verschmelzung ist irdisch erst abgeschlossen, wenn der kosmische Partner Sie in seine Arme schließt. Wenn Sie ihn anschauen, wenn Sie mit ihm sprechen, und wenn Sie auch körperlich grenzenlose Nähe zulassen.

Also stellt sich die Frage: Wie finden Sie ihn, und wie findet er Sie? Ganz konkret, zum Greifen nah?

Was Sie zueinanderführt, ist Ihre gegenseitige Resonanz. Je kraftvoller sie wächst, je freudiger sie sich anfühlt, desto wahrscheinlicher wird der Augenblick, in dem der Partner sich materialisiert. Immer enger schließen sich die unsichtbaren Kreise, die um Sie beide gezogen werden. Mit jeder Zelle Ihres Seins ziehen Sie »seine« Gegenwart an.

Machen Sie sich bereit für den nächsten Schritt: Denn nun vertraue ich Ihnen das Geheimnis jener Anziehungskräfte an, die sich aus gelungener Resonanz ergeben.

Sie wirken stark wie ein Magnet. Sie lassen keine Umwege zu. So wie ein Zugvogel nach Tausenden von Kilometern seine Heimat wiederfindet, so, wie die Erde millimetergenau ihre Bahn um die Sonne zieht, so sicher gehen Sie auf Ihren Partner zu.

Sie müssen sich um nichts kümmern, außer um die Schwingungen Ihrer Seele. Der Kosmos ist an Ihrer Seite. Er führt Sie, und er wird Sie nicht enttäuschen.

Nun ja, werden Sie vielleicht einwenden, ein bisschen mehr Hilfestellung wäre dann doch ganz schön. Niemanden kann es doch kaltlassen, wenn der Glückspartner jeden Moment an der Tür klingeln könnte. Kann ich die Sache denn nicht wenigstens ein kleines bisschen beschleunigen? Zum Beispiel mit einer Meditation mehr pro Tag?

Nein, beschleunigen können Sie nichts. Und Sie werden auch später in diesem Buch noch feststellen, dass Zeit eine Qualität ist, die Sie hoch schätzen sollten. Vergehende Zeit ist hier wie in allen Lebensphasen genau dem Rhythmus der spirituell erwachten Seele angepasst. Der Kosmos verspätet sich nie. Der Kosmos *ist* die Zeit.

Wenden Sie den starren Blick von Ihrer Lebensuhr ab. Es gibt keinen Anlass für Torschlusspanik. Das Timing wird das richtige sein. Ihre Seele ist unsterblich – wer muss sich schon beeilen, wenn er unendlich viel Zeit hat?

Erinnern Sie sich daran, was die glücklichen Paare über die Partnersuche erzählten. Sie alle hatten zunächst ihr eigenes seelisches Glück gefunden und brauchten keinen Partner, der einen Therapeuten ersetzte, einen Retter, der ihrem Kummer ein Ende bereitete.

Nutzen Sie die Zeit, die Ihnen jetzt zur Verfügung steht, um Ihr Energiefeld stark und glücklich zu machen. Das erste Vorzeichen des Partners wird dann sein, dass Sie neue Seiten Ihrer Seele entdecken – positive Seiten, glückliche Seiten, überraschende Seiten.

Es ist, als hätten Sie sich noch nie so lebendig gefühlt. Eine Blume kann Sie begeistern wie nie zuvor, ein Klang, ein einziges Wort. Die Welt spricht zu Ihnen, und Sie hören überall Klänge, so sphärisch wie sie der Mann mit der Glasharfe erzeugte. Ja, das ist magisch: Sie horen, sehen und spüren die Schwingung der Welt.

Der Grund dafür ist das Energiefeld Ihres Partners. Die Frequenzen erhöhen sich durch positive Resonanz. Ihre Seele wacht endgültig auf, und das vorher noch nicht Erwachte beginnt zu schwingen. Sie werden eine Bandbreite seelischer Glückserlebnisse spüren, die vorher undenkbar war.

Dann, wenn immer neue Energien durch Sie hindurchfließen, wenn Innen und Außen sich berühren, wenn Einatmen und Ausatmen eine einzige große Schwingung sind, dann geschieht es. Ein Mensch begegnet Ihnen, der einzige Mensch, der seelisch und energetisch zu Ihnen passt wie ein Schlüssel ins Schloss: Ihr kosmisch bestimmter Partner.

Wie er aussieht, wird Ihnen gleichgültig sein. Ob er humorvoll, leidenschaftlich oder gebildet ist, ist Ihnen vollkommen egal. Gut möglich, dass Sie rein gar nichts über ihn wissen. Doch in seiner Gegenwart steigert sich all das, was Sie ersehnt und entwickelt haben, zur Gewissheit: Freude, Resonanz, Glück.

Er ist es. Er steht vor Ihnen, der Mensch, mit dem Sie die höchste Resonanz verbindet. Sie sind endlich angekommen, nach einer langen, langen Reise.

Kein Begehren wird Sie verwirren. Keine Besitzansprüche werden Sie quälen. Und keine äußeren Erwartungen fesseln Sie. Es wird eine vollkommen ruhige, selbstverständliche Annäherung sein. Vergessen Sie nicht zu atmen. Sie haben alle Zeit der Welt. Der Kosmos hält Sie umfangen. Jeder Moment ist kostbar wie ein Edelstein.

Sie werden ein Wohlgefühl verspüren, als seien Sie endlich nach Hause gekommen. Und genau das ereignet sich: Sie kehren zurück in den kosmischen Einklang, den Ihre Seele in sich gespeichert hat, seit sie sich von der Urseele trennte. Sie haben Ihre Bestimmung gefunden.

Einschwingen

Muss man Liebe lernen? Natürlich nicht, würde jeder Passant antworten, den Sie zufällig auf der Straße fragen. In Liebesdingen ist jeder sein eigener Meister. Bloß nicht am Zauber rühren.

Doch, man muss die Liebe lernen, wenn man auf eine kosmische Seelenliebe hofft, auf die große, ewige Liebe. Denn seelische Liebe trifft uns nicht wie ein Blitzschlag, sie spült uns nicht auf einer Woge des Verlangens zum Partner.

Deshalb ist es wichtig, dass Sie ein paar Dinge beim Kennenlernen beherzigen, die Ihnen vermutlich noch niemand gesagt hat – weil kaum jemand die seelische Liebe meint, wenn er von der »großen« spricht.

Ich kannte es, das Repertoire der üblichen Ratschläge, das auch in unserer Kaffeehausrunde weitergereicht wurde. Befeuert von allerhand selbst ernannten Beziehungsspezialisten und redseligen Küchenpsychologen tauschten wir immer wieder

Tipps und Tricks aus, wie man sich am Beginn einer Beziehung verhalten sollte.

Ach, diese vielen gut gemeinten Strategien …

»Zeigt bloß nicht zu viel Interesse«, beschwor uns Nicole. »Auf Abstand halten und langsam kommen lassen, ist der Bringer. Männer sind nun mal Jäger. Gib ihnen das Gefühl, dass sie dich erlegen müssen! Und dass sie dich nicht einfach vom Baum pflücken können wie einen überreifen Apfel!«

»Schön und gut, aber ein paar ermunternde Signale dürfen schon sein«, meinte Kerstin. »Ich mache es so: Verbal bleibe ich zurückhaltend. Unverbindliche Gespräche, gepflegter Smalltalk. Aber zwischendurch ein glühender Blick, das funkt ihn an!«

Ulrike ging noch raffinierter vor. »Tarnen und Täuschen macht ihn halb verrückt. Liebesgeflüster nachts am Telefon – beim nächsten Date dann kühl und souverän. Ein heißer Kuss zum Abschied – und danach vierundzwanzig Stunden lang nicht ans Handy gehen. Das kostet Überwindung, lohnt sich aber. Verwirrt ihn! Bringt ihn aus der Fassung! Das raubt ihm den Verstand.«

Wenn jemals ein Mann diese Gespräche belauscht hätte, ich glaube, er hätte auf dem Absatz kehrtgemacht!

Und das waren bei Weitem noch nicht alle Tricks, die wir beherrschten. Wir gingen nämlich davon aus, dass es selbstverständlich auch einen Masterplan für das erfolgreiche Finale gab. Die ultimative Regieanweisung sozusagen. So sah sie aus.

Phase eins: Kennenlernen, Flirten, Telefonnummern austauschen. Phase zwei: Verabredung auf einen Kaffee, essen gehen in einem romantischen Restaurant, Gefühlscheck. Phase drei: Lange Telefonate, wieder essen gehen, der erste Kuss.

Nun kam bei einem gut gelaunten Schicksal die Zielgerade in Sicht, vorausgesetzt, wir hatten alle Fettnäpfchen locker übersprungen. Phase vier: der erste Sex, Präsentation des Kandidaten bei Freunden und Familie, Zusammenziehen. Spätere Heirat nicht ausgeschlossen.

Ein tolles Drehbuch, fanden wir. Nicht gerade originell, aber garantiert risikolos. Falls man nämlich die Reihenfolge einhielt, hielt man sich alle Optionen offen, bei Nichtgefallen relativ verletzungsfrei auszusteigen. Also alles hübsch der Reihe nach, da kann man doch gar nichts falsch machen!

Ehrlich gesagt, können Sie die Kategorien Richtig und Falsch gleich mal in die Ecke stellen, so wie dieses Drehbuch. So logisch es sich liest, so vernünftig es klingt, letztlich ist es ein Klischee, tausendfach empfohlen, tausendfach befolgt. Bewährt hat es sich nicht. Weil nichts daran einer energetischen Annäherung entspricht.

Das sind Verhaltensweisen, die nichts weiter zelebrieren als Konventionen. Man kann die Phasen eins bis vier noch so gewissenhaft durchstehen, eine Anleitung für den erfolgreichen Paarlauf können sie nicht bieten. Und mit der Entdeckung seelischer Liebe hat das Ganze so wenig zu tun wie Fast Food mit einem Fünfsterne-Restaurant.

Schauen Sie zurück: Ein unendlich spannender und schöner Entwicklungsprozess liegt hinter Ihnen, wenn der Kosmos Ihnen den Partner zugesandt hat, der für Sie bestimmt ist.

Es wäre mehr als fahrlässig, nun einem Klischee zu folgen, das für banale Verliebtheiten gedacht ist. Für Leute, die Gefühle für Liebe halten und ihren Illusionen hinterhersteigen. Denn Sie verlieben sich nicht, wenn der Kosmos Ihnen einen Partner sendet, Sie lieben. Und das ist ein himmelweiter Unterschied.

Es ist Resonanz, die Sie einander zugeführt hat. Sie schwingen auf der gleichen Frequenz. Sie haben gegenseitig neue seelische Potenziale erschlossen. Und so, genau so, wird es weitergehen. Auf der energetischen Bahn. In die weitere seelische Entwicklung. Die dürfen Sie nun zu zweit erleben, das ist der Sinn der Liebe.

Wenn wir kosmisch lieben, erschaffen wir die Liebe in Harmonie mit jenen schöpferischen Energien, die uns überhaupt so weit gebracht haben. Am Beginn Ihrer einzigartigen Liebesbeziehung steht daher das Einschwingen. Das ist nicht nötig, meinen Sie? Das ist alles längst passiert? Die Dinge liegen etwas anders.

Zwar hüllt ein feines Gewebe der Schwingungen und Resonanzen Sie und Ihren Partner ein, wenn Sie einander begegnen. Sie erkennen einander daran. Sie korrespondieren. Dieses Gewebe könnte aber auch durchaus zerreißen.

Es ist sehr viel einfacher, sich in der Abgeschiedenheit mit seiner Seele zu beschäftigen als im Blütentraum der ersten Begegnungen. Da ist so vieles, was Sie ablenkt. Und Sie sind neugierig: Wie ist er? Was mag er? Steht er auf dieselbe Musik wie Sie? Isst er lieber italienisch oder thailändisch?

Das alles ist nicht unwichtig. Schließlich werden Sie mit diesem Mann zusammenleben. Sie wollen Tisch und Bett teilen, bis in alle Ewigkeit. Da darf ein wenig Neugier schon erlaubt sein.

So bestürmen Sie ihn mit Fragen. Sie unterhalten sich über Gott und die Welt mit ihm. Sie sondieren unauffällig seine Vergangenheit und ermitteln wie ein smarter Kommissar seine Zukunftspläne. Auch ein Blick auf seine körperlichen Vorzüge kann nicht schaden. Man will doch wissen, woran man ist, oder?

Halt. Stopp. Alles zurück an den Anfang. Merken Sie es? Ihre Programme haben Sie eingeholt, mit Riesenschritten. Alles ist wieder da: die Bilder, die Erwartungen, die Funktionen. Dabei ging es nie darum. Es ging doch um Ihre Seele. Die verkümmert bei so viel hektischer Betriebsamkeit.

Entspannen Sie sich. Bleiben Sie auf dem Weg, den Sie eingeschlagen haben. Gehen Sie so vorsichtig mit dem Partner um wie mit einem zerbrechlichen Kristall. Schwingen Sie sich auf ihn ein. Lassen Sie die Energien weiter fließen, die zu Ihrer Begegnung geführt haben.

Vor allem: Lenken Sie sich nicht mit irgendwelchen Aktivitäten ab. Zerstreuungen streuen buchstäblich Energien, statt sie zu fokussieren. Gemeinsam ins Kino gehen können Sie noch später.

Und ebenso essen gehen, verreisen oder die Ringe aussuchen. Was bleibt da noch übrig? Mehr, als Sie denken.

Einschwingen geschieht weitgehend ohne Worte. Gehen Sie mit Ihrem Partner spazieren, tanzen Sie mit ihm, hören Sie Musik. Der bereits erwähnte Dieter Broers empfahl mir dafür die klare und göttliche Musik Johann Sebastian Bachs.

Erspüren Sie dabei, wie das Energiefeld des Partners mit dem Ihren schwingt und wie sich Ihre Energien gegenseitig vervielfachen. Teilen Sie das Glück der Resonanz.

Seit ich mich der Liebe unter dem Aspekt der Resonanz widme, habe ich viele Weise, Yogis und andere spirituelle Lehrer gefragt, was ihrer Meinung nach die sinnvollsten Einschwingrituale für ein Paar sein könnten. An die gewohnten Zerstreuungen glaubte ich sowieso nicht. Was also konnte die Resonanz erweitern?

Selbstredend gibt es kein Rezept. Jeder spirituell denkende Mensch respektiert die Individualität einzelner Personen. Aber es gab Beispiele und Geschichten, die ich mit höchster Aufmerksamkeit in mich aufnahm.

Von allen, die ich befragte, bekam ich mit auf den Weg, dass zu viele Worte störend sind. Die Sprache engt ein. Viele Begriffe sind abgenutzt und können nicht im Entferntesten ausdrücken, was einzigartig und damit unaussprechlich an einer großen Liebe ist.

Das Einschwingritual eines Energieheilers war es, dass sich die Liebenden an einen Tisch setzen und einander Liebesbriefe schreiben. Sie lassen ihren Gedanken und ihrer Seele freien Lauf. Anschließend verbrennen sie die Briefe gemeinsam in einer kleinen Zeremonie – so übergeben sie alles dem Kosmos, der sie zueinandergeführt hat.

Dieses Ritual hat den Sinn, Gedanken zu relativieren. Denn es kommt auf die korrespondierende Energie während des Schreibens an, nicht auf die Gedanken und Sätze, die dabei formuliert werden.

Anschließend, so der Energieheiler, könne man mit punktuellen Berührungen beginnen. Dabei sitzen die Partner einander dicht gegenüber und konzentrieren sich auf das Energiefeld des anderen. Nun berühren sie abwechselnd Körperpunkte des Partners, in denen sie die größte Energie spüren – oder sehr schwache Energie. So können sie einander wahlweise heilende und verstärkende Energien zuführen.

Eine sehr poetische Variante erfuhr ich von einem anderen Heiler. Die Paare lesen einander ausgewählte Texte vor, am besten Gedichte. Taucht darin ein Wort auf, das der Zuhörende für einen Schlüssel der momentanen Situation hält, bittet er den Vorlesenden innezuhalten. Dann konzentrieren sich beide seelisch auf das Wort und laden es mit ihren Energien auf.

Bewusstwerden der Liebe

Sie werden sich vielleicht wundern, dass jetzt viel von Ritualen die Rede ist. Es ist kein beliebiger Begriff. Einschwingen ist ein heiliger Vorgang und verlangt nach Zeremonien mit universaler spiritueller Bedeutung, die am besten durch ein Ritual gefeiert werden.

Ein Tantra-Lehrer empfahl mir für das Einschwingen gemeinsame Bewusstseinsübungen. In seinem Ashram treffen sich Liebende zu einer festen Zeit des Tages und nehmen im Lotussitz einander gegenüber Platz. Ihre Hände liegen geöffnet auf den Knien. Dann schauen sich die Liebenden fest in die Augen. Sie konzentrieren ihre gesamte Wahrnehmung auf die Augen des Partners.

Augen sind die Fenster zur Seele, sagte der Tantriker. Wenn man in unverwandtem Blickkontakt ausharrt, öffnen sich die Fenster. Der Energieaustausch intensiviert sich. Man erfahre nahezu Unglaubliches, versicherte er mir. Alle Geheimnisse der Seele, alle verborgenen Sehnsüchte.

Etwa eine Stunde harren die Liebenden so aus. Viele fallen dabei in Trance. Sie sind absolut euphorisch, manche haben Visionen. Die Energien strahlen wie Sonnen aus den Augen, und man offenbart einander Dinge, die man nie über die Lippen bringen würde.

Fortgeschrittene können diese Übung als Auftakt einer körperlichen Vereinigung gestalten. Eine ungeheure Spannung baut sich auf, weil in der Verschmelzung der Blicke bereits die Verschmelzung der beseelten Körper beginnt. Es ist die Vorbereitung auf eine kosmische Dimension der Sexualität, die in grenzenloser Lust gipfelt.

Diese Übung erfordert viel Vertrauen. Viel kann geschehen, wenn man sich so öffnet und entgrenzt. Empfehlenswert ist das nur, wenn man sich wirklich sicher darüber ist, dass man den Seelenpartner gefunden hat. Auch an dieser Stelle muss ich noch einmal betonen, wie wirkmächtig die Energien sind, die Ihnen zur Verfügung gestellt werden.

Ein anderer spiritueller Lehrer und Heiler schlug mir eine Variante dieser Übung vor, die als Einstieg in das eben beschriebene Ritual dient. Dabei suchen Sie mit Ihrem Partner einen Ort auf, an dem Sie ungestört sind. Eine Wohnung ist nicht geeignet, weil sie mit zu vielen Erinnerungen besetzt ist.

Suchen Sie also einen schönen, reinen Ort, der Sie an nichts aus Ihrem bisherigen Leben erinnert. Am besten wäre ein besonderer Platz in der Natur, wo Sie sich spontan wohlfühlen. Unter freiem Himmel sind Sie den kosmischen Harmonien näher, und Sie sind unbehelligt von Störungen.

Sie könnten sich zum Beispiel auf eine Parkbank setzen, abseits der Spaziergängerrouten. Halten Sie sich an den Händen – und schweigen Sie. Ja, schweigen. Es wird meist unterschätzt, wie wichtig das gemeinsame Schweigen ist, weil wir denken, dass nun alles zur Sprache kommen soll, was uns bewegt.

Doch die Sprache kann auch zerreden, wofür wir keine Worte haben. Reden ist Silber, Schweigen ist Gold, weiß der Volksmund. Tauschen Sie sich stumm aus, immer wieder. Versenken Sie sich ineinander. Meditieren Sie zusammen. Ihre Seelen werden sich einschwingen, ganz von selbst.

Der Dichter und Philosoph Khalil Gibran sagt dazu: »Die großen, ewigen Wahrheiten lassen sich nicht durch menschliche Worte mitteilen; vielmehr wählen sie das Schweigen als Brücke zwischen den Seelen.«

Auf der nächsten Stufe können Sie dann durchaus auch zu Hause Rituale entwickeln, dann, wenn die Geister der Vergangenheit gebannt sind. Nach dem Erwachen Ihrer Seele gilt es jetzt, in neue, unbekannte Zonen vorzustoßen, damit Ihre Liebe nicht nur Bestand hat, sondern sogar noch wächst.

Die Reise der Selbsterkenntnis ist nicht zu Ende. Sie findet ab jetzt auf einer höheren Ebene statt, geschützt und erleuchtet von der Magie einer umfassenden seelischen Korrespondenz.

Das ist so anders als alles, was Sie bisher erlebt haben, dass Sie eine Liebeskunst brauchen. Wahre Liebe ist kein Gegenstand, den wir in die Hosentasche stecken können, wo wir ihn sicher aufbewahren. Sie ist ein fein austariertes Schwingungssystem, das täglich neu entsteht und täglich mit Achtsamkeit und Respekt verstärkt werden kann.

Sie werden sehen, dass solche Rituale Ihre Liebe wachsen lassen. Erfinden Sie Ihre eigenen Rituale. Sie können sogar zusammen kochen oder Yogaübungen absolvieren, wenn es im bewussten Einklang geschieht. Entscheidend ist, dass alles wie eine heilige Handlung wahrgenommen wird. Heiligen Sie Ihre Liebe. Auf diese Weise können Sie die Basis für ein glückliches Zusammenleben legen. Und das ist es doch, wonach Sie sich immer gesehnt haben, oder?

5. KAPITEL

All you need is love

Wie Sie Ihre große Liebe schützen

Vieles, was Sie in diesem Buch lesen, wird Sie verwundert haben. Sie hatten möglicherweise die Erwartung, dass der Kosmos Ihnen den idealen Partner schickt und dass dann alles, alles gut wird, wie im Märchen: Und wenn sie nicht gestorben sind, dann leben sie noch heute.

Doch der Kosmos schenkt Ihnen mehr als den Menschen, der für Sie geschaffen ist. Mit der Liebeskunst, die Sie ausüben, lernen Sie auch eine völlig neue Lebenskunst kennen.

Damit meine ich nicht, dass man künftig alle möglichen Herausforderungen unfallfrei besteht, weil irgendeine Geheimmagie am Werke ist. Ich meine damit, dass Sie die gelingende, energetisch gepulste Partnerschaft zum Zentrum Ihres gesamten Lebens machen werden. Von dort wird sie ausstrahlen und nichts unberührt lassen.

Das ist zunächst ungewohnt. Liebe, gut und schön, sagen wir, aber da ist die Familie, da sind die Freunde, der Job, die Hobbys. Sie wollen alles gleichzeitig, und Sie wollen nichts aufgeben für einen Partner, auch wenn er Sie noch so glücklich macht.

Keine Sorge: Sie müssen nichts aufgeben, niemand zwingt Sie dazu. Doch falls Sie Ihren kosmischen Partner gefunden haben, wird sich vieles verändern. Sie werden sich immer weiter in den Menschen verwandeln, der die Bedürfnisse seiner Seele zulässt. Dadurch werden Sie Menschen und Gewohnheiten anders bewerten, die bislang unverzichtbar schienen.

Und es könnte durchaus passieren, dass Sie das eine oder andere loslassen müssen, um sich fortan Ihrer Seele widmen zu können.

Das erwachte Bewusstsein

Das Leben, das Sie bis zu Ihrer Transformation geführt haben, war gewissermaßen vorläufig. Befangen in den Lernprozessen von Kultur und Erziehung sind Sie weitgehend fremdbestimmt gewesen. Sie haben Denkmuster, Verhaltensweisen und Werturteile übernommen, die zu Ihren Guidelines geworden sind.

Nun sind Sie aufgewacht aus einem langen Bewusstseinsschlaf, und Ihr erwachtes Bewusstsein wird manches mehr schätzen können als zuvor, anderes jedoch ablehnen.

Das hat Konsequenzen. Ihre spirituelle Erfahrung wird Ihnen nämlich von außen gespiegelt, und das ist nicht immer angenehm. Machen Sie sich darauf gefasst, dass Ihr Umfeld nicht automatisch begeistert von Ihrer Verwandlung ist.

Irritationen sind vorprogrammiert. Besorgte Freunde werden fragen, was eigentlich mit Ihnen los sei. Freundinnen werden sich beschweren, dass Sie nicht mehr so viel Zeit für sie hätten wie früher. Ihre Familie wird sich melden und erstaunt feststellen, dass Sie Ihre alte Rolle nicht mehr spielen.

Lassen Sie sich nichts einreden. Lassen Sie sich nicht verunsichern. Auf Sie wartet eine neue Lebensphase, in der Sie endlich das glauben, denken und tun, was Ihrer Seele guttut. Und Ihrer großen Liebe.

Eine seelische Transformation befreit, auch von althergebrachten Rollen. Atmen Sie auf. Solche Rollen haben Sie bis hierher begleitet, und Sie haben sie erfüllt, weil es bequem war. Aber ihr Umfeld wird sich nur zu oft vor den Kopf gestoßen fühlen, weil Sie Ihre Rolle verlassen.

In der Familie und im Freundeskreis, auch im Beruf sind Sie bestens berechenbar gewesen: Sie spielten die Rolle der braven Tochter oder übernahmen die Führungsrolle, Sie waren je nach Temperament und Selbstbild die hübsche Schüchterne, die offensive Schönheit, die nette Unscheinbare.

Unser Kaffeehausclub war ein gutes Beispiel für diese Rollenspiele. Jede von uns studierte anfangs ein bestimmtes Rollenfach ein und blieb bei der Position. Das gab Sicherheit und erleichterte die Kommunikation. Zunächst jedenfalls.

Ulrike war immer die Nachdenkliche gewesen und agierte eher zurückhaltend. Kerstin vertrat regelmäßig den Standpunkt der alleinerziehenden

Mutter in Nöten. Nicole lebte vor, wie eine beruflich erfolgreiche, kreative Frau sich zu geben hatte.

Unbewusst zementierten wir unsere Rollen durch die Erwartungen der anderen Freundinnen. Und es war ziemlich gewöhnungsbedürftig, als wir alle nach und nach begannen, uns seelisch zu entwickeln.

Am deutlichsten habe ich das an Ulrike erlebt. Seit sie mir an jenem Abend im Auto ihre Zerrissenheit gestanden hatte, war eine Schleuse geöffnet worden. Nachdem sie sich mir offenbart hatte, gab es kein Zurück mehr. Sie hatte viel gewagt, als sie sich öffnete, und das mit Grund.

Der indische Lehrer Krishnamurti sagt: »Da man uns verletzt hat, errichten wir eine Mauer um uns herum, damit man uns nie wieder verletzt; doch wenn man eine Mauer um sich herum errichtet, wird man nur noch mehr verletzt.«

Das war die Erkenntnis, die Ulrike aus ihren Versteckspielen gefolgert hatte. Deshalb ließ sie ihre Maske fallen. Aus der Frau, die sich hinter ihrer selbstgewissen Fassade versteckt hatte, wurde eine Frau, die sich für alle sichtbar auf die Suche begab. Sie wurde dadurch stärker, und das äußerte sich darin, dass sie unseren kleinen Club durch Beiträge verblüffte, in denen sie aufbegehrte.

Natürlich kam dadurch der Verdacht auf, sie sei unzufrieden, launisch und unausgeglichen. In Wahrheit hatte ihr Transformationsprozess begonnen. Jetzt kam es für uns darauf an, dass wir diesen Prozess nicht ablehnten, sondern begleiteten.

Rollenspiele ablehnen

Mit festgelegten Rollen werden Sie sich nicht mehr identifizieren können, wenn Ihre Seele erwacht. Die kosmischen Energien erweitern Ihr seelisches Spektrum. Sie trauen sich ganz andere Dinge zu. Sie empfinden anders und denken anders. Deshalb handeln Sie auch anders.

Das betrifft in entscheidendem Maße die Beziehung zu Ihrem kosmischen Partner. Er meint Ihre Seele, nicht die Rolle, die Sie bislang innehatten, daher werden Sie staunen, welche Freiräume Sie plötzlich haben.

Es ist nämlich sehr wahrscheinlich, dass Sie in den vorherigen Beziehungen ziemlich eindeutige Funktionen übernommen hatten: Coach, Animateur, Eventveranstalter, Ersatzmutter, Sportkumpan, Kumpel, Köchin.

Jede einzelne Funktion für sich genommen wäre in Ordnung, wenn sie von Zeit zu Zeit ausgeübt würde. Doch in konventionellen Beziehungen neigen wir dazu, feste Rollenteams zu entwickeln. Wir erfüllen die Funktionsprogramme des Partners, und am Ende meinen wir, dass wir für diese Rollen eben geschaffen sind.

»Ihr seid ein eingespieltes Team«, bekommen wir dann zu hören. »jeder von euch hat seinen festen Platz.« Damit jedoch verengen wir unser seelisches Spektrum. Wir werden reduziert auf wenige Muster und lassen viele Potenziale brachliegen.

Sichtbar wird das oft erst nach Trennungen. Fallen die Funktionen weg, erfolgen oft Entwicklungssprünge. Dann belegt die kürzlich getrennte Frau plötzlich Italienischkurse oder entdeckt ihr Faible für das Gärtnern, und der eben erst getrennte Mann erfüllt sich seinen alten Traum, ein gebrauchtes Motorrad zu kaufen und in seiner Freizeit daran herumzuschrauben.

Nicht weil die frischgebackenen Singles mehr Zeit haben als vorher, sondern weil brachliegende Potenziale freiwerden, können diese Dinge an die Oberfläche gelangen.

Ähnliches ereignet sich in der seelischen Sphäre, wenn eine Beziehung aufgrund energetischer Resonanz geknüpft wird. Deren Freiheit ist immens.

Freuen Sie sich, dass das Theaterspielen nun vorbei ist. Erfinden Sie sich gewissermaßen neu, seien Sie so, wie Ihre Seele es möchte. Da Ihr Partner Ihre Seele erwählt hat, können Sie unbelastet von Erwartungen alles ausleben, was Sie spontan möchten: zärtlich sein und ungestüm, schwach und stark, offensiv und zurückhaltend – und das alles gleichzeitig. Ihr Partner wird das akzeptieren, weil er die ganze Fülle Ihrer unendlichen Seele liebt.

Ihr soziales Umfeld dagegen wird weniger positiv reagieren. Gut möglich, dass man Sie auf alte Rollen verpflichten will und Sie emotional erpresst: Wo ist die brave Tochter geblieben? Wo ist die mütterliche Freundin? Warum bist du nicht mehr so amüsant wie früher?

Es ist nicht leicht, Korrekturen vorzunehmen, nicht mehr die folgsame Tochter zu spielen, die allzeit bereite Mutter der Nation, die begnadete Entertainerin, die jede Party unterhält.

Aber ich bin sicher, dass Sie die richtige Balance finden werden. Vergessen Sie nie: Jetzt sind Sie dran. Jetzt haben Sie eine Ebene erreicht, in der Sie Ihr Leben bewusst gestalten und sehr wahrscheinlich anders gestalten können.

So komisch es klingt: Viele Ihrer Freunde und Bekannten werden skeptisch reagieren, weil Sie vor Freude und Glück nur so strahlen. Man könnte mutmaßen, dass mit Ihnen etwas nicht stimmt. Dass die spirituellen Erkenntnisse Ihnen zu Kopf gestiegen sind. Dass Ihr neuer Partner Sie verhext und Sie Ihrem alten Leben entfremden will.

Da ich selbst durch einen Unfall spirituell erwachte und mich dadurch relativ rasch verwandelte, kenne ich die Irritationen, die das erwachte Bewusstsein auslöst. Ich hatte mein altes Ich wie eine Schlangenhaut abgestreift, eine wunderbare Häutung. Ich trauerte der alten, abgenutzten Hülle nicht eine Sekunde nach.

Mehr als einmal jedoch führte ich dann Gespräche, in denen ich in die Defensive gedrängt wurde: Was ist mit dir passiert? Du verhältst dich so seltsam. Warum bist du nicht mehr die Alte?

Nehmen Sie diese kritischen Stimmen mit aller Freundlichkeit und Gelassenheit hin. Vermeiden Sie Aggressionen und Zerwürfnisse. Von nun an ist die Liebe Ihr Handlungsgesetz.

Problematisch wird es nur, wenn man Sie mit aller Gewalt in Ihre alte Rolle zurückdrängen will. Damit sollten Sie rechnen. Und dafür sollten Sie gewappnet sein. Denn sehr schnell wird man Ihren Partner für Veränderungen verantwortlich machen,

die eigentlich mit Ihrer Transformation zusammen-
hängen.

Es ist unumgänglich: Sie werden Ihre Liebe
schützen müssen vor den verständnislosen Blicken
Ihres Umfelds, vor den Zweifeln und dem Misstrauen, das jeder großen Liebe begegnet.

Doch ich kann Ihnen etwas Wunderbares mitteilen: Der Kosmos schützt Sie, vorausgesetzt, Sie
selbst wollen Ihre Seele und Ihre Liebe schützen. In
Hermann Hesses berühmtem Gedicht »Stufen«
heißt es: »Und jedem Anfang wohnt ein Zauber inne, der uns beschützt und der uns hilft zu leben.«

Gott schützt die Liebenden

Durch Liebe gelingt die umfassendste Transformation des Menschen. Alle spirituellen Lehren wissen
das. Im *Tao te King* steht geschrieben: »Wen der
Himmel retten will, den schützt er durch die Liebe.« Im heutigen Sprachgebrauch drückt sich das
in dem Satz aus: Gott schützt die Liebenden.

Der Taoismus gehört zu den grundlegendsten
spirituellen Philosophien, die uns überliefert wurden. Er ist mehr als zweitausend Jahre alt und hat
nichts von seiner Aktualität verloren. Das Wort
Tao bedeutet Weg, aber auch der Ursprung des
Universums und der ewige Lauf der Natur.

Die Schriften des Taoismus ermutigen zur
Transformation, ja, sie fordern geradezu auf, dass
der Mensch sein göttliches Potenzial aus sich heraus bringt. Gleichzeitig wird klar, dass dieser
Weg nicht ungefährlich ist. Alles, was sicher

schien, gerät ins Wanken. Alte Gewissheiten lösen sich auf.

Doch nun haben Sie eine neue Gewissheit, und die ist unwandelbar: Sie sind Teil eines Kosmos, mit dem Sie durch erschaffende Energien verbunden sind. Sie bauen etwas auf, wenn Sie Ihre Liebe leben, und der Kosmos unterstützt Sie dabei.

Sie haben daher starke Verbündete, wenn Sie Liebeskunst und Lebenskunst zu einer neuen Existenzform verschmelzen: die Kräfte des Kosmos, der will, dass Sie sich selbst erkennen und in der Liebe Ihre Erfüllung finden.

Die Energien Ihrer seelischen Liebe werden Sie sicher tragen. Starke Verbündete brauchen Sie auch. Nichts ist so fragil wie eine transformierende Liebe, die sich in einem Alltag behaupten muss, in dem sich nichts geändert hat. Sie wollen ja nicht auswandern oder mit Ihrem Liebsten in ein Kloster gehen, sondern Ihre Liebe im Hier und Jetzt ausleben.

Sie müssen sich also schützen und dürfen darauf hoffen, dass Sie geschützt werden. Betten Sie Ihre Liebe behutsam in Ihren Alltag ein und ziehen Sie Grenzen des Respekts. Das ist eine Regel, die man gar nicht oft genug betonen kann. Sie werden nämlich herausfinden, dass sich plötzlich eine Menge Leute für Sie und Ihre zauberische Liebe interessieren.

So, wie Sie Ihre Liebe nach innen schützen, in dem Sie Ihr Glück auf keinen Fall zerreden, gilt auch nach außen hin: Reden ist Silber, Schweigen ist Gold.

Sie werden ohnehin niemanden von Ihrer unendlichen Liebe überzeugen können, der selber keine Transformationserfahrungen hat. Genauso gut könnten Sie ihm einen chinesischen Film mit japanischen Untertiteln zeigen. Dieser Jemand wird nichts begreifen. Kopfschüttelnd wird er Sie anschauen und glauben, Sie hätten den Verstand verloren.

Auf der energetischen Ebene dürfen Sie das Alleins-Bewusstsein ausleben. Oben und Unten, Innen und Außen, Mikrokosmos und Makrokosmos sind für Sie das Gleiche. Was jedoch Ihre Alltagsbindungen betrifft, gelten andere Gesetze – weil Sie dort unzählige energetische Felder vorfinden, die feindlich und destruktiv sind.

Seien Sie achtsam für unerwünschte Resonanz. Nie ist das so wichtig wie bei liebenden Paaren. Leider ziehen solche strahlenden, sichtbar positiv schwingenden Beziehungen Menschen an, die unbewusst einen Gegenspiegel ihrer Defizite sehen. Sie versuchen einzudringen in den magischen Kreis. Sie wollen partizipieren an einem Glück, dessen Strahlkraft sie fasziniert.

Da diese Zaungäste Ihrer Liebe aber förmlich geblendet sind wie durch überstarkes Licht, können sie den Grund des Glücks nicht erkennen. Das macht sie wütend, und sie beginnen, dagegen zu kämpfen. Um es mit dem schönen Satz von Ringelnatz zu erklären: »Weil nicht sein kann, was nicht sein darf.«

Bei einer Bekannten ging das so weit, dass ihr ein alter Freund Mal um Mal versicherte, sie bilde sich ihr Glück nur ein. Obwohl sie sichtbar wie auf Wolken schwebte, war sein Urteil düster: Sie habe den falschen Mann, lebe das falsche Leben und sei drauf und dran, sich selbst zu verraten. Er tat besorgt, überschritt jedoch alle Grenzen des Respekts.

Meine Bekannte ließ sich überhaupt nicht beirren. Sie hatte sich so ausgiebig mit Energien beschäftigt, dass sie seine unbeholfenen energetischen Kontaktversuche ablehnte.

Deshalb war sie so geistesgegenwärtig, ihm den Spiegel völlig ungerührt zurückzureichen: Da er ja vorgeblich wisse, was Glück sei – warum er dann selbst sage, er sei einsam und unglücklich? Welchen Gegenentwurf er denn bitte habe? Ihr Freund verstummte. Sie hatte ihm den Wind aus den Segeln genommen.

So durchlässig Sie sich also für positive Energien machen sollten, so freudig Sie sich Ihrem Partner energetisch öffnen dürfen, in solchen Situationen müssen Sie Ihr schwingendes Energiefeld rein halten. Niemand ist davor gefeit, in schwachen, das heißt: unbewussten Momenten Einflüsterungen zu erliegen, die wie hoch dosiertes Gift wirken.

Seien Sie auf der Hut. Es gibt mehr Personen in Ihrem Umfeld, die Sie mit geheimem Neid betrachten, als Sie vermuten würden. Diese Personen fühlen sich provoziert und reagieren meist reichlich infantil. Sie verhalten sich wie Kinder im Sandkasten. Hat ein anderes Kind die schönere Sandburg gebaut, sind sie dermaßen gekränkt, dass sie nur noch einen Impuls haben: dieses Meisterwerk mit wenigen Fußtritten zu zerstören.

Es wird Ihnen helfen, wenn Sie Ihre Liebe im Verhältnis zur Umwelt und mit allen Grenzen des Respekts visualisieren. Machen Sie sich ein konkretes Bild von Ihrer Liebe, das Sie sich immer wieder vors innere Auge rufen. Lassen Sie Ihrer Phantasie und Kreativität freien Lauf: Was sehen Sie?

Ich verrate Ihnen, was ich sehe. Die griechische Mythologie beschwört das Sehnsuchtsbild vom Elysium, der Insel der Seligen. Dort leben die Lieblinge der Götter, die für ihre Taten mit Unsterblichkeit belohnt werden. Sie sind frei von allen Sorgen, wandeln unter blühenden Bäumen und verbringen ihre Tage mit anregenden Spielen.

Auch Sie bewohnen ein Elysium. Da Sie Ihr göttliches, kosmisches Potenzial entfalten, das Sie direkt mit dem Universum verbindet, sind Sie und Ihr Partner im übertragenen Sinne ebenso Lieblinge der Götter wie die antiken Helden. Ihr frei schwingender, energetischer Austausch hat etwas von einem Spiel auf höchster Ebene, weil Sie es ohne irdische Interessen spielen.

Malen Sie sich Ihr persönliches Elysium in den schönsten Farben aus. Pflanzen Sie blühende Bäume und stellen Sie sich vor, wie Sie und Ihr Partner eine eigene innere Insel der Seligen erschaffen. Es ist Ihr innerer Glücksort.

Niemand darf diese Insel betreten außer Ihnen. Denn niemand kann wertschätzen, was diese Insel für Sie bedeutet. Dem einen wird sie zu klein sein, dem anderen fehlen Paläste, der dritte wird bemängeln, dass keine Kartoffeläcker darauf sind. Nur Sie beide kennen den Zauber der Insel. Nur Sie beide wissen, dass diese Insel Sie schützt.

Diese innere Insel müssen Sie nie verlassen. Niemand kann Sie vertreiben. Sie haben das Recht, jedem den Zutritt zu verwehren, der mit Kriegsschiffen am Horizont auftaucht, um die Insel zu erobern. Dafür brauchen Sie keine starken Geschütze. Ihr Schutzwall sind die Energien der Liebe, die eine unsichtbare Wand bilden, an der alles Negative abprallt.

Vielleicht gefällt Ihnen ein anderes Bild besser. Ein verwunschener Garten oder ein mit Türmen und Zinnen verziertes Schloss. Es kommt nur darauf an, dass die Visualisierung Ihres Glücksorts Sie befähigt, ein starkes, wehrhaftes Energiefeld aufzubauen.

Die Liebe wachsen lassen

Ihre kosmische Liebe entsteht jeden Tag neu, wenn Sie sie jeden Tag neu erschaffen. Das ist Ihre Aufgabe. Das ist die Liebesformel, die Ihre Partnerschaft stark und lebendig hält.

So wie beim ersten Kennenlernen verschiedene Einschwingrituale den seelischen Energieaustausch beflügeln, sollten solche Rituale und Zeremonien auch Ihren Alltag weiter begleiten.

Viele Paare haben Rituale, auch jene, die keine seelische Liebe zusammenhält. Sie gehen jeden Samstag im selben Lokal essen, sehen jeden Abend zur selben Zeit die Nachrichten im Fernsehen und feiern ihre Geburtstage immer im selben Freundes-kreis. Wie eine innere Uhr takten solche Gewohn-heitsrituale das Zusammenleben.

Diese Paare tun das ohne eine besondere Ab-sicht, aber sie spüren, dass sie dadurch ihre Bin-dung untermauern und Sicherheit empfinden. Rituale strukturieren den oft unübersichtlichen Alltag und vermitteln das Gefühl, dass wir und unsere Beziehung Bestand haben, egal, was um uns herum passiert.

Mein Lieblingsritual, Sie ahnen es schon, war lange der berüchtigte »Latte-Macchiato-Club«. Das Treffen mit meinen Freundinnen war ein fester Bestandteil meines Lebens. Ich vermisste es, wenn ich auf Reisen war, und ich sagte mit Freuden jede Einladung ab, wenn sie am Samstagnachmittag an-beraumt war.

Ulrike, Kerstin und Nicole ging es genauso. Nie hätten sie freiwillig darauf verzichtet, sich einmal wöchentlich auszutauschen. Es war herrlich, dass es diesen Club gab. Wir bestellten immer das Glei-che: Ulrike Muffins, Kerstin ein Sandwich, und Ni-cole gönnte sich ein Stück Sachertorte zur Feier des Tages.

Über die lieb gewonnene Gewohnheit hinaus vermögen Rituale noch weit mehr: Sie bannen, hei-len und stärken. Das haben alle Kulturen gewusst. Sie suchten den Kontakt mit dem Universum, in-dem sie Opfer brachten, Räucherstäbchen entzün-deten, rituelle Gesänge anstimmten und tanzten.

Eine Spur davon findet sich heute säkularisiert auch noch dort, wo man sie am wenigsten vermutet. Sportler zum Beispiel haben bestimmte Rituale, mit denen sie sich vor einem Wettkampf stärken und ihre Angst vor dem Gegner bannen. Es sind heilsame rituelle Handlungsabläufe, in denen die Energien des Sportlers vor schwächenden Selbstzweifeln geschützt werden – von der Dehnungsübung bis hin zur Visualisierung eines erfolgreichen Wettkampfs.

Auch Schauspieler zelebrieren derartige Rituale, wie das »Toi, toi, toi!«, das sie sich gegenseitig über die Schulter hinweg zuflüstern. Viele Popmusiker bilden vor dem Auftritt einen Kreis hinter der Bühne, in dem sie sich umarmen und einen speziellen Text oder ein Gebet sprechen.

Selbst in den Chefetagen großer Firmen nutzen Entscheider Rituale, indem sie vor einer wichtigen Konferenz ihre Unterlagen immer gleich sortieren, ihre Krawatte neu binden und sich den immer selben Stift zurechtlegen. Und natürlich sitzen sie am Konferenztisch immer auf demselben Stuhl – wehe, wenn sich ein anderer darauf setzt.

Oft ohne es zu wissen, absolvieren wir unaufhörlich auch allerlei soziale Rituale. Da sind Begrüßungsrituale: Küsschen, Küsschen oder Händeschütteln; Vorbereitungsrituale für die Party: Friseurbesuch, Ankleiden, Schminken; Essrituale: gedeckter Tisch mit festen Plätzen oder das TV-Dinner, während die Lieblingssoap läuft.

Die Rituale, die ich Ihnen nun näherbringen möchte, gehen weit darüber hinaus. Es sind Energierituale, die Ihre kosmische Bindung festigen und erweitern, Zeremonien, die Ihre Liebe erschaffen.

Warum überhaupt Rituale, werden Sie sich vielleicht fragen. Ist das nicht altmodisch und verstaubt? Langweilt man sich nicht irgendwann, wenn man zu festgesetzten Zeiten immer das Gleiche tut?

Die Fragen sind berechtigt, weil wir viele gesellschaftliche Rituale in der Tat als fremdbestimmt und aufdringlich empfinden. Die Weihnachtsfeier in der Firma ödet uns jedes Jahr mehr an. Die Familientreffen, bei denen mächtige Torten bis zum Umfallen verdrückt werden, treiben Sie in den Wahnsinn. Und auf manche Rituale des Freundeskreises oder des Fußballvereins würden Sie liebend gern verzichten.

Warum? Weil es nicht Ihre Rituale sind. Weil sie Ihnen nichts bedeuten. Weil Sie keine Chance haben, eigene Formen zu entwickeln, in denen Ihre seelischen Bedürfnisse zu neuem Leben erwachen.

Unliebsame Rituale wirken zwanghaft. Selbst viele religiöse Rituale haben ihre einstige Ausstrahlung verloren und werden als sinnentleert empfunden. Deshalb verwende ich den Begriff der energetischen Ritualzeremonie. Damit möchte ich verdeutlichen, dass es selbst gewählte Zeremonien geben kann, in denen Sie und Ihr Partner Ihre Liebe feiern.

Diese Rituale sind eine besondere Form der energetischen Kommunikation. Im Unterschied zum gemeinsamen Gespräch erweitert diese Form der Kommunikation das Bewusstsein und lässt Ihnen seelische Freiheit.

Es ist äußerst spannend, mit dem geliebten Partner ganz individuelle Energierituale zu entwickeln. Sie können alles einfließen lassen, was Ihnen wichtig ist, und es dann zu einem festen Bestandteil Ihres energetischen Austauschs machen.

Die Wirkmacht dieser Rituale speist sich aus zwei Quellen. Zum einen markieren sie eine Grenze zum Alltagsleben. Man könnte auch sagen: Sie ziehen damit eine Grenze zwischen dem Profanen und dem Heiligen.

Im äußeren Leben ist vieles banal. Außerdem verlangt man von Ihnen Flexibilität, Sie sollen sich mit immer neuen Ideen neuen Herausforderungen stellen und nicht zögern, es auch mal weniger genau mit Ihren Prinzipien zu nehmen.

Im inneren Zirkel jedoch sehnen Sie sich zu Recht nach Beständigkeit. Sie wollen keinen Wechsel, Sie wollen energetische Lebendigkeit in einer unwandelbaren Partnerschaft. Vor allem aber möchten Sie Ihrer Beziehung eine Dimension verleihen, die alle Banalitäten übersteigt.

Das Wunderbare an Beziehungsritualen ist: Hier gelten andere Handlungsmöglichkeiten als in der gesellschaftlichen Realität. Sie können und dürfen sich gemeinsam entwickeln, ohne die rationale Außenkontrolle, die Sie im Alltag überwacht. Jede gestaltende Kraft ist erlaubt, wenn sie im seelischen Einklang mit dem Partner geschieht.

Die zweite Quelle ist das, was Pater Anselm Grün die »Geborgenheit im Ritual« nennt. Wir fühlen uns seelisch zu Hause. Wir stecken ein Terrain ab, in dem wir entlastet werden von jenen Entscheidungen, die wir im Alltag permanent fällen müssen.

Ganz wesentlich ist dabei, dass Sie diese Geborgenheit liebevoll inszenieren. Damit zeigen Sie sich und Ihrem Partner, wie wichtig Sie einander nehmen. Auf einer symbolischen Ebene vergewissern Sie sich, was höchste Priorität hat. Und deshalb ist ein persönliches Energieritual Ausdruck größter Hingabe an den Partner und an den Kosmos.

Sie erschaffen sich und Ihre Liebe neu und lassen sie wachsen. Nichts könnte einer großen spirituell aufgeladenen Liebe angemessener sein.

Liebesrituale

Liebesrituale können die einfachsten Handlungen zu etwas Besonderem machen. Nicht das »Was« ist entscheidend, sondern das »Wie«. Ich kenne sogar glückliche Paare, für die das morgendliche Joggen ein Liebesritual ist. Während sie nebeneinander herlaufen, synchronisieren sie sich und machen sich stark für den Tag.

Für den einen also kann das Joggen einfach eine sportliche Betätigung sein, pure Routine aus gesundheitlichen Gründen, für Liebende jedoch eine beglückende Zeremonie, in der jedes Detail eine Bedeutung hat: die Uhrzeit, die Kleidung, die Laufroute durch den Park, das anschließende Frühstück.

Was die Liebesrituale so kostbar macht, sind Dankbarkeit, Freude und Wertschätzung, die sie zum Ausdruck bringen.

Schon allein deshalb, weil Rituale und Zeremonien Zeit und Vorbereitung erfordern, zeigen wir, dass das Bewusstsein für den Wert der Liebe nicht erlahmt. Wir machen uns die Mühe, eine Zeitzone zu markieren, die nur der Liebe gehört.

Viele Paare vergessen das. Sie betrachten ihre Liebe und das Zusammenleben als so normal und unspektakulär, dass es sich nicht zu lohnen scheint, sie eigens zu betonen. Das sind die Nachlässigkeiten und Gedankenlosigkeiten, die noch die größte Liebe beschädigen können.

Manche Paare beteuern, sie hätten einfach keine Zeit für spezielle Rituale. Da seien Kinder, da seien hundert Aufgaben und Pflichten, die keinen Freiraum mehr ließen. Keine Zeit für die Liebe?

Ich halte solche Erklärungen für nichts weiter als schnöde Ausreden. Sie sind Indikatoren dafür, dass eigentlich kein Interesse am Partner mehr besteht. Denn es gibt nichts Wichtigeres, als sich mit seiner großen Liebe zu verabreden – selbst dann, wenn man schon seit Jahren zusammenlebt.

Schützen Sie deshalb Ihre Liebe durch Ritualmagie. Nur so bewahren Sie sich die Schatzkammer Ihres Glücks.

Wieder lohnt wesentlich mehr ein Blick auf glückliche, seelisch erwachte Paare. Natürlich habe ich sie auch nach ihren Ritualen gefragt, und die Antworten waren ausgesprochen inspirierend. Sie regten mich an, über eigene Rituale nachzudenken, und ich hoffe, dass es Ihnen genauso geht.

Beginnen möchte ich mit einem sehr einfachen Ritual: Ein Mann und eine Frau schickten sich jeden Tag zur Mittagszeit abwechselnd eine SMS. Sie bestand nur aus einem einzigen Wort, beispielsweise aus »Freude«.

Nur ein Wort? Nein, es war ein Liebesbrief in Kurzform. Die Botschaft lautete: »Ich sende dir Freude, weil ich Freude empfinde, wenn ich an dich denke. Und ich weiß, dass es dir genauso geht. Was macht dir zurzeit besondere Freude? Womit kann ich dir eine Freude machen?«

Die beiden hatten keinerlei Mühe, aus dem Wortkürzel solch eine Liebesbotschaft herauszulesen, weil sie seelisch innig verbunden waren.

Sie teilten einander keine Information mit, sondern Schwingungen. So gaben sie einen Impuls für energetische Kommunikation. Deshalb war das Wort auch gleichsam ein Meditationsangebot, das den Partner durch den weiteren Tag begleitete. Es berührte die Seele. Und dort blühte es auf wie eine Blume, erzählten die beiden lächelnd.

Manchmal sendeten sie sich auch ganz andere Wörter, wie »Risotto« oder »Muschel«. Kein Außenstehender hätte das verstehen können, denn es waren geheime Codewörter, die nur sie beide kannten. Risotto war das erste Gericht, das sie einst miteinander gegessen hatten. Und die Muschel war nicht irgendeine, sondern die, die sie am Strand gefunden hatten, nachdem er ihr einen Heiratsantrag gemacht hatte.

Auf diese Weise vergewisserten sie sich ihrer einzigartigen Beziehungsgeschichte. Keine Zukunft ohne Herkunft: Indem sie eine unwiederbringliche gemeinsame Erinnerung wieder ins Bewusstsein brachten, bekräftigten sie den innigen Wunsch, für immer zusammenzubleiben.

Haben Sie eine Gänsehaut? Ich bekomme sie immer wieder, wenn ich an dieses wunderschöne Liebesritual denke. Es ist im Grunde gar nicht besonders kompliziert oder aufwendig, doch nur eine liebende Seele kann auf so etwas kommen, finden Sie nicht auch?

Ein anderes Paar schenkte sich an jedem Sonntagmorgen einen kleinen Gegenstand. Nichts Wertvolles, nichts Außergewöhnliches. Doch jeder Gegenstand war gleichzeitig ein Symbol, das der Partner dann entschlüsselte.

Ein hübsch gemaserter Stein konnte signalisieren: »Du bist mein Fels in der Brandung.« Aber auch: »Lass uns achtsam sein, dass wir nicht versteinern, weil unsere Liebe lebendig ist.« Oder: »Mir fällt ein Stein vom Herzen, weil du von einer langen Reise zurückgekehrt bist.« Im Laufe des Sonntags tasteten sie sich dann an die Bedeutung heran, in intensiven, aber auch spielerischen Gesprächen.

Dabei floss ungeheuer viel liebende Energie, da der jeweilige Partner seine Entschlüsselungsversuche darauf bauen konnte, dass ihm der Gegenstand eine besondere Schwingung der Liebe vermitteln sollte, etwas wirklich Wichtiges also.

Die Energie floss auch bereits bei der Vorbereitung. Eine Woche hatten die beiden ja Zeit, sich dieses Liebesgeschenk auszudenken und sich zu fragen: Welche Schwingung möchte ich senden? Was macht in dieser Woche unsere energetische Korrespondenz aus?

In den darauffolgenden Tagen trugen sie den Gegenstand stets dicht am Körper. Er war aufgeladen mit den wirkmächtigsten Energien und liebenden Gedanken, die nur vorstellbar sind. So standen sie ununterbrochen in energetischem Kontakt, selbst dann, wenn ihr Geist von anderen Dingen abgelenkt war. Der Gegenstand wurde zum einzigartigen Talisman, dessen Bedeutung sich nur ihnen beiden erschloss.

Man kommt ins Staunen und ins Träumen, wenn man solche Rituale kennenlernt.

Sehr viele Energierituale glücklicher Paare haben mit Berührungen zu tun. Es sind achtsame, zeremoniell ausgeführte Berührungen, die zwar eine gewisse Erotik haben mögen, jedoch nicht die Grenzlinie zur Sexualität überschreiten.

Mich faszinierten vor allem zwei Berührungsrituale, die mir in lebhafter Erinnerung geblieben sind. Das eine war eine rituelle Handmassage. Auf den ersten Blick nichts Ungewöhnliches, doch für das Paar, das mir davon erzählte, hatte es eine umfassende Bedeutung.

Hände, sagten sie, tun vielerlei im Laufe eines Tages. Sie kochen Kaffee, decken den Tisch, lenken das Auto, bedienen den Computer, tragen Einkaufstüten, schütteln ungezählte andere Hände. Dadurch, so die Interpretation, werden sie »entweiht«. Weil sie triviale Tätigkeiten verrichten, verlieren sie ihre Berührungsmagie.

Das Ritual ist in mehreren Stufen aufgebaut. Zunächst wird vereinbart, wer es aktiv ausführte. Das ist derjenige, dessen Hände im energetischen

Sinne am wenigsten Kraft verloren hat. Nun bereitet der betreffende Partner ein Handbad in einer kunstvoll verzierten Messingschüssel zu, mit warmem Wasser, in dem Blüten und Zitronenscheiben schwimmen.

Anschließend werden die Hände mit leicht massierenden Griffen gereinigt, abgetrocknet und mit einem duftenden Öl eingerieben. Jeder Knöchel, jeder Quadratzentimeter Haut wird dabei konzentriert berührt. Die Energien fließen von Hand zu Hand und von Seele zu Seele. Kein Wort begleitet die Zeremonie, aber die beiden versicherten mir, dass sich ein unendlich reicher Austausch an Schwingungen und Gedanken ereignet.

Dieses Ritual ist nicht nur buchstäblich berührend, es enthält auch eine weitreichende Symbolik. Reinigung und Transformation gehören im Wesen zueinander. Mit dem Handritual wurde die Transformation wiederholt und bekräftigt; die Kontinuität der Beziehung und die Unumkehrbarkeit der liebenden Verwandlung war wieder »greifbar«.

Heilen, bannen, energetisieren – welches Ritual wird Ihnen diese Energien zugänglich machen? Alles ist möglich, Musik und Tanz, Massagen und Messages, Ihrer Vorstellungskraft sind keine Grenzen gesetzt.

Schützen Sie Ihre Liebe, und entwickeln Sie sie weiter, damit sie wachsen kann, wie eine Pflanze, die Sie mit aller Sorgfalt und aller Achtsamkeit pflegen – bis sie in den Himmel wächst.

6. KAPITEL

Das Geheimnis des Glücks

Wie Sie grenzenlose Harmonie finden

Ich habe die Harmonie immer geliebt. Ihre Bedeutung kannte ich lange, bevor man mir beibrachte, den richtigen Begriff zu benutzen.

Harmonie empfand ich, wenn wir zu Hause in der Familie über dieselben Dinge lachten, wenn sich die Farben eines Blumenbeets harmonisch ineinanderfügten, wenn eine Musik stimmig in meinen Ohren klang. Einklang war der Schlüssel zu meinem Glück, schon als Kind, und ich ahnte dunkel, dass dieser Einklang ebenso selten wie wertvoll war.

Noch wagte ich mir damals nicht vorzustellen, dass das Glück der Harmonie eines Tages die wenigen Augenblicke meiner Glückserfahrungen überschreiten würde. Dass Harmonie eine Gestimmtheit des Kosmos ist, dessen Teile einander zur Vollkommenheit ergänzen. Und dass der Mensch die Fähigkeit besitzt, diese Harmonie nicht nur zu entdecken, sondern zum Prinzip seines Lebens zu machen.

Im Kosmos der Harmonie

Ich selbst musste ausgedehnte geistige Reisen unternehmen, bis mir diese Wahrheit in aller Lebendigkeit und Überzeugungskraft vor Augen stand. Es wunderte mich übrigens nicht, dass diese Wahrheit nur um den Preis eines Bewusstseinswandels zu haben war. Ich glaube, dass ich zum ersten Mal bei Johann Wolfgang von Goethe davon las, dem großen Dichter und Universalgelehrten, für den Geist, Seele und Naturwissenschaft ineinander verschränkte Sphären waren.

Goethe schrieb: »Jeder hat sein eigen Glück unter den Händen, wie der Künstler eine rohe Materie, die er zu einer Gestalt umbilden will. Aber es ist mit dieser Kunst wie mit allen; nur die Fähigkeit wird uns angeboren, sie will gelernt und sorgfältig ausgeübt sein.«

Glück ist kein Zufall, das wissen Sie nach der Lektüre der vorhergehenden Kapitel. Es ist genauso wenig Zufall wie das Geschenk, den Partner zu finden, den der Kosmos für uns geschaffen hat. Doch auch Liebe und Harmonie müssen, wie Goethe sagt, »zur Gestalt« umgebildet werden, wenn wir sie als das erfahren wollen, was unseren größten Sehnsüchten entspricht: ewig und unendlich zu sein.

Wie Sie erfahren haben, ist Liebe etwas, was wir erschaffen, gestalten und schützen können. Das gelingt uns mit energetischer Achtsamkeit, mit Liebesritualen und dem Wissen, dass Schwingungen immer neue Nahrung brauchen – dass wir also glückhafte Resonanz täglich mit der Unterstützung des Kosmos neu herstellen müssen.

Aber gelingt uns das alles auch im Störfeuer der vielen kleinen und großen Konflikte, die in jeder Beziehung unweigerlich aufbrechen? In unserem inneren Elysium mag die Welt in Ordnung sein, die Außenwelt unseres Alltags bietet jedoch mehr Probleme, als irgendjemand gebrauchen kann. Wie steht es um den Seelenpartner, wenn es um triviale Dinge wie Einkaufen und die Kinder in die Schule bringen geht? Was ist, wenn der sogenannte Kleinkram die große Liebe bedroht?

Auch ich lebe nicht in einer Traumwelt. So nah ich mich dem Kosmos auch fühle, so genau weiß ich doch auch, dass jede Beziehung den Alltagstest bestehen muss. Und der ist ein Belastungstest, keine Frage. Auch ein Belastungstest für die Harmonie.

Schon morgens ärgert man sich darüber, dass der Partner in der Dusche trödelt, dass er vergessen hat, Butter zu kaufen, dass er das Auto nehmen will, obwohl etwas anderes abgesprochen war. Und wenn er dann abends heimkommt, eine Stunde zu spät, während das Essen längst verkocht ist und die Kerzen auf dem Tisch heruntergebrannt sind, raufen wir uns die Haare: Ist das Date von Traum und Realität gründlich schiefgegangen?

So mancher verzweifelt am Gegensatz von Anspruch und Widerspruch einer großen Liebe. Ich kenne sogar Paare, die es vorziehen, räumlich getrennt zu leben, um aus einer gewissen Distanz heraus den Zauber der Liebe zu erhalten. »Allzu große Nähe reizt zur Bosheit«, befand der Philosoph

Theodor W. Adorno, der selbst eine ziemlich angespannte Ehe geführt haben soll.

Alltag und Liebe – ein unlösbarer Widerstreit? Für mich bestand nie ein Zweifel daran, dass sich eine seelisch genährte Liebe auch bei räumlicher Nähe bewähren kann. Ich wollte einfach nicht einsehen, dass Glück und Harmonie mit freiwilligen Trennungen erkauft werden sollten. Wo lag die Perspektive, diese Widersprüche aufzulösen?

Konzentrieren wir uns darauf, was zwei korrespondierende Menschen zueinandergeführt hat – Resonanz. Es ist ein Schatz, den niemand leichtfertig verspielen sollte. Nehmen wir also die Liebeskunst und Lebenskunst einer energetisch frei schwingenden Partnerschaft ernst und überlegen, welcher Weg in die Balance des Glücks führt.

Spirituelle Lichtgestalten wie der Dalai Lama, aber auch weniger prominente Vertreter spiritueller Lehren leben es uns vor: Sie wirken auf rätselhafte Weise gelassen, fast unempfindlich für die Wechselfälle des Lebens.

Nun könnten Sie einwenden: Wer ein hoher Würdenträger ist oder im geregelten Zeremoniell eines Klosters lebt, kann sich ohnehin glücklich schätzen. Den Stress eines turbulenten Alltags kennen diese heiligen Männer ganz sicher nicht. Sie müssen nicht den Spagat zwischen Partner, Familie, Beruf und anderen Pflichten aushalten, sondern können sich ganz ihren geistigen Interessen widmen.

Doch ihr Geheimnis ist ein anderes: Es lautet Demut und verstehende Liebe. Diese Haltung ist mehr als Altruismus. Sie entspringt der Einsicht, dass wir keine Kontrolle ausüben können und müssen, um unser Leben harmonisch zu ordnen. Das geschieht bereits in dem Moment, in dem wir unser kosmisches Bewusstsein entwickeln, vertrauensvoll auf positive Energien bauen und darauf, dass Harmonie nicht immer auf den ersten Blick erkennbar sein muss.

Wahrhaft Liebende dürfen davon ausgehen, dass Harmonie auch noch da wirkt, wo das Geben und das Nehmen scheinbar ins Ungleichgewicht geraten sind. Liebe rechnet nicht auf. Liebe vertraut und verzeiht. Liebe nimmt einiges hin, was der kleinliche Verstand und der erlernte Egoismus ablehnen.

Die Wirklichkeit sieht meist anders aus. Viele Paare verzetteln sich in kleinen Scharmützeln. Sie wachen peinlichst darüber, nicht zu viel zu geben und möglichst viel zu bekommen. Die nichtigsten Anlässe erweisen sich als Streitherde, vom nicht heruntergebrachten Müll bis zum vergessenen Hochzeitstag. Unablässig messen sie die Liebe des Partners an seinen Taten – nicht an den großen, sondern an den kleinen.

Es herrscht Krieg, und er hat einen Namen: Geschlechterkrieg. Vor allem Frauen sind hochempfindlich geworden, was ihre Rechte betrifft. Sie wittern überall Ungerechtigkeit und Herablassung. Allzu rasch stellen sie eine Beziehung infrage, wenn auf der pragmatischen Ebene nicht alles so läuft, wie sie es sich vorgestellt haben.

Verstehen Sie mich bitte nicht falsch: Wenn ich von Demut spreche, meine ich damit nicht Unterwerfung. Keinesfalls möchte ich das Rad der Geschichte zurückdrehen in eine Zeit, als Frauen ihren Männern auf Gedeih und Verderb ausgeliefert waren. Doch ich beobachte mit Trauer, dass die energetische Balance immer wieder zerbricht, wenn der Alltagstest beginnt. Dass es zu unnötigen Zerwürfnissen kommt, die von außen gesteuert sind und ein hohes Verletzungspotenzial in sich tragen.

Es wäre heilsam, wenn wir die substantielle Botschaft des Kosmos beherzigen würden: Alles ist Harmonie. Wenn wir buchstäblich Abstand gewinnen könnten zu dem Trubel und der Betriebsamkeit des modernen Lebens. Stellen Sie sich vor, Sie könnten aus dem All die Erde betrachten: Erschiene Ihnen da nicht manches Problem winzig, das irgendwo da unten Beziehungen und Familien zerstört?

So ging es vielen Astronauten, die von ihren Weltraumexpeditionen zurückkehrten. Der distanzierte Blick auf den blauen Planeten in seiner ganzen Schönheit und Pracht hat die meisten von ihnen verwandelt. Sie begannen darüber nachzudenken, was wirklich wichtig ist. Eine »falsch« ausgedrückte Zahnpastatube war es ganz bestimmt nicht.

Spirituell erwachte Menschen gleichen in gewissem Sinne Astronauten. Sie nehmen den kosmischen Blickwinkel ein und fokussieren sich auf die großen, wichtigen Dinge. Sie bewerten die Herausforderungen des Alltags allenfalls als niedere Prüfungen, über die sich nicht groß zu diskutieren lohnt.

Deshalb werde ich Ihnen am Ende dieses Buches zeigen, wie Sie den Alltag spirituell aufladen können, wie Sie Abstand gewinnen und Ihre Partnerschaft in Freiheit und Demut gestalten können, damit Ihnen unendliche Harmonie zuteilwird.

Demut und Stärke

Ich weiß nicht mehr, wo ich den Satz fand, doch ich habe ihn nie wieder vergessen: »Wir brauchen Mut zur Demut.« Ich war glücklich, als ich ihn las. Er fasst eine tief greifende Erkenntnis in wenigen Worten zusammen: Wir müssen sehr mutig sein, um Demut zu üben, weil sie so unpopulär ist, dass sie peinlich, wenn nicht lächerlich wirkt.

Demut ist eine Haltung, die Kraft aus dem Verzicht bezieht. Jemand verzichtet darauf, das letzte Wort zu haben. Er verzichtet darauf, recht zu behalten. Und er verzichtet vor allem darauf, sein Ego auf den Thron der Seele zu setzen.

Das widerspricht unserem gesamten kulturellen Selbstverständnis. Wir haben gelernt, unsere Ellenbogen einzusetzen, um erfolgreich zu sein. Dominantes Auftreten und offensive Prägung von Situationen, so hat man es uns beigebracht, festigen unsere soziale Position und unser berufliches Fortkommen. Nicht zuletzt legt man uns nahe, dass wir auch in einer Beziehung derart kriegerisch auftreten sollten, um nicht mit Pauken und Trompeten darin unterzugehen.

Ich nenne das die Performance des Egos. Es sucht sich überall Bühnen, auf denen es glänzen kann. Selbst unter guten Freunden wird man immer wieder solche finden, die ihre Geltungsansprüche durchsetzen wollen. Sie beanspruchen Deutungsmacht. Betreten sie einen Raum, dann erwarten sie, dass man ihnen sofort eine Führungsposition einräumt. Sie sprechen lauter als andere, setzen sich auf einen zentralen Platz und halten alles in Schach, was ihnen in die Quere kommen könnte.

Jeder kennt Paare, in denen der eine Partner solch eine Position beansprucht, während sich der andere unterordnet. Treffen aber zwei starke Naturen aufeinander, kommt es zur Kollision. Machtkämpfe brechen auf, und es geht nur noch darum, sich aneinander zu messen: Wer ist der Stärkere? Wer trägt den Sieg davon?

Wer jemals einen alten Wochenschaufilm gesehen hat, in dem Mahatma Gandhi auftritt, war vermutlich verblüfft. Dieser kleine, hagere Mann besaß die Macht, einen ganzen Subkontinent, ja, die ganze Welt in seinen Bann zu ziehen? Dieser ältere Herr mit der Nickelbrille, der nur ein weißes Tuch um die nackten Schultern trug und dessen Füße barfuß in einfachen Latschen steckten, konnte eine derartige politische Macht ausüben?

Gandhi war ein Verkünder der Demut. »Liebe ist die stärkste Macht der Welt«, sagte er, »und doch ist sie die demütigste, die man sich vorstellen kann.« Wie passen diese drei Begriffe zusammen? Liebe, Macht und Demut?

Eine brisante Behauptung steckt darin: Demut verleiht Macht. Als jemand, der Gewaltlosigkeit predigte, hat Gandhi mit dem Wort Macht ganz sicherlich nicht Dominanz und Überwältigung gemeint. Er sprach von einer seelischen und geistigen Energie, die sich aus dem bewussten Verzicht auf gewaltsame Manipulationen ergibt. Damit kommt der Demut eine gestaltende Kraft zu.

Aus der Haltung erwächst eine Handlungsanweisung: Sei demütig, um die Verhältnisse positiv zu verändern. Greife nicht gewaltsam ein. Respektiere alles, was dir begegnet, und verwandele es durch Liebe.

Das ist hoch gegriffen, zugegeben. Charismatische Figuren wie Mahatma Gandhi verkörpern den Maximalanspruch eines spirituellen, ethisch motivierten Lebens. Dennoch können wir sehr viel über Harmonie und Liebe lernen, wenn wir ihn betrachten – wir verstehen die verwandelnde Energie einer vom Ego gereinigten Existenz.

Ich sage das hier ganz deutlich im Hinblick auf Beziehungen. Respektiere alles, was dir begegnet, und verwandele es durch Liebe: Kann es eine bessere Maxime für das Zusammenleben mit dem geliebten Partner geben?

Die verwandelnde Kraft des liebenden Blicks entzerrt viele Krisensituationen, die zu den Prüfungen einer großen Liebe gehören. Liebe nimmt immer den günstigsten Fall an, die besten Absichten, die reinste Unschuld. Sie ist das Gegenteil der misstrauischen Unterstellung. Nehmen wir einen alltäglichen Fall: ein Mann hat den Geburtstag seiner Frau vergessen. Er wacht morgens auf, verhält sich liebevoll wie immer, doch was fehlt, ist der Glückwunsch und das Geschenk.

Eine zweifelnde Frau wird daraus schließen, dass die Liebe des Partners ins Wanken geraten ist. Hätte er sich sonst nicht um den Geburtstag gekümmert? Hätte er nicht Blumen gekauft und sie zu einem schönen Essen eingeladen oder mit einem sorgfältig ausgesuchten Geschenk überrascht?

Die Harmonie ist dahin. Es hagelt Vorwürfe, und die Liebesbeteuerungen des vergesslichen Ehemanns entlocken der Enttäuschten nichts als Hohngelächter. Recht so, könnte man meinen, er hat es verdient.

Wenn wir aber nun erfahren, dass den Mann und die Frau eine große Liebe verbindet, dass sie nicht aneinander zweifeln und keinerlei Misstrauen hegen – wäre es dann nicht vollkommen lächerlich, dass die Frau ihrem Mann eine Szene macht? Würden wir ihr nicht zurufen: »Freu dich an dem Geschenk der Liebe, sie ist viel wichtiger als ein vergessenes Geburtstagsgeschenk?«

Ein demütig liebender Mensch würde die Zerstreutheit des Partners ohne großes Aufhebens verzeihen. Und damit würde er die Liebe sogar bekräftigen, denn im Verzeihen läge die Botschaft: »Unsere Harmonie ist unzerstörbar. Du zeigst mir in tausend Situationen deine Liebe, deshalb wäre der eine Liebesbeweis zum Geburtstag zwar schön, aber er ist nicht zwingend.«

In unserem Rechtswesen gilt die Unschuldsvermutung. Für eine harmonische Beziehung ist dieser Grundsatz unverzichtbar. Stattdessen lauern viele Menschen nur darauf, den Partner bei einer Unaufmerksamkeit zu erwischen. Die Demut weicht dem

Hochmut, denn selbstverständlich geht der gekränkte Partner davon aus, dass ihm niemals ein solcher Fehler unterlaufen würde wie ein vergessener Geburtstag.

Harmonie ist keine Schönwetterwolke, die über einer Beziehung schwebt. Sie ist eine Frage der Wahrnehmung. Unter kosmischen Gesichtspunkten ist die Harmonie universal. Geben und Nehmen sind ausgeglichen, so wie Positives und Negatives. Wer das Negative sieht, ohne das Positive zu berücksichtigen, wird nie etwas anderes erblicken als Disharmonie. Mit anderen Worten: Eine energetisch bewusste, auf Resonanz beruhende Liebe wird nur halten und wachsen, wenn diese Haltung verinnerlicht wird, als kosmische Wahrheit der Harmonie.

Die Stärke der Demut ist es, dass sie dieses Wirkprinzip des Universums anerkennt, selbst dann, wenn es nicht immer ins Auge fällt. Rückbezogen auf die Partnerschaft bedeutet es, dass wir Harmonie entweder grundsätzlich anerkennen oder nicht. Wir haben die freie Entscheidung. Auch in einer großen Liebe macht sich Unfrieden breit, wenn die Bereitschaft zu dieser positiv interpretierenden Wahrnehmung fehlt.

Es gilt die Liebesvermutung, die Harmonievermutung, die Glücksvermutung. Diese Ausdeutung der Wirklichkeit hat Gültigkeit für alles, was existiert. Im energetischen Sinne kann man dieses erschaffende Gesetz bis hin in die Quantenphysik hinein verfolgen.

Bei der experimentellen Beobachtung der kleinsten Elementarteilchen fiel Quantenphysikern wie Erwin Schrödinger ein seltsames Phänomen auf: Es ergaben sich unterschiedliche Messergebnisse unter gleichen Bedingungen. Wie konnte es dazu kommen? In weiteren Experimenten wurde nachgewiesen, dass die Messung selbst das Messergebnis veränderte.

So wurde der Lehrsatz geboren, dass der Beobachter das Beobachtete erschafft. Die Reaktionen in der atomaren Struktur wurden entscheidend dadurch beeinflusst, dass der Beobachter unweigerlich eingriff, durch bloßes Messen.

Erwin Schrödinger ging noch einen Schritt weiter. Er wies dem Beobachter eine gestaltende Rolle zu, in dem er das Bewusstsein des Beobachters betonte. Denn der Beobachter war es, der über den Ausgang des Experiments entschied, so Schrödingers Conclusio, sein Bewusstsein und auch sein Wunsch, was das Ergebnis betrifft.

Damit bildet sich sehr genau ab, was sich in einer seelisch-energetisch schwingenden Beziehung ereignet: Auch hier bestimmt der bewusste Beobachter, was geschieht: der spirituell entwickelte, sich seiner erschaffenden Energien bewusste Beobachter.

Der Schriftsteller Fernando Pessoa ahnte, dass die wissenschaftliche und die seelische Sphäre einander entsprechen, Er stellte fest: »Vielleicht gelangt die künftige wissenschaftliche Forschung zu der Erkenntnis, dass alle Wirklichkeiten die Dimensionen ein und desselben Raumes sind, der daher weder materiell noch geistig ist. In der einen

Dimension leben wir als Körper, in der anderen als Seele.«

Leben Sie die Harmonie Ihrer Liebe, indem Sie zum erschaffenden Beobachter einer glücklichen, frei schwingenden Beziehung werden. Entdecken Sie in sich die Stärke, die aus Demut erwächst und ohne Dominanz auskommt – durch reine Beobachtung, allein aus der Haltung heraus, dass Sie auf die Allgegenwart der Harmonie vertrauen können. Ihr Glück wird unendlich sein wie die Energien, die aus dem unendlichen Kosmos stammen.

Entgrenzung

Wenn Sie durch Resonanz zu Ihrem idealen Partner gefunden haben, dann haben Sie eine einzigartige Erfahrung gemacht: Die Grenzen Ihres Körpers und Ihrer Seele wurden überschritten. Sie konnten frei über Schwingungen kommunizieren und in die entferntesten Regionen des Kosmos vordringen. So waren Sie auch in der Lage, energetisch Kontakt mit einer Seele aufzunehmen, deren dazugehöriger Körper möglicherweise weit entfernt war.

Diese Entgrenzung wird als glückhaft empfunden. Wir entfliehen der Begrenztheit des irdischen Seins und der Qual eines beschränkten Lebens, das weder Sinn noch Perspektive hat.

Das ist der Grund, warum im Laufe der Jahrtausende vielgestaltige Meditationstechniken entwickelt wurden, die nur eines zum Ziel hatten: den Kerker der irdischen Existenz aufzubrechen und sich eins mit dem Universum zu fühlen. Ganz gleich, ob ein Mantra, ein Bild, eine Körperübung oder bestimmte Bewegungsabläufe dabei verwendet werden, stets formen sie Transferräume, die in den Kosmos führen.

Auch in einer Beziehung sind Entgrenzungen zunächst eine Glücksquelle. Das Ich und das Du werden zum Wir, die Vereinzelung hat ein Ende, und wir spüren beseligt, wie die Seelen verschmelzen – und sich im Kosmos treffen.

Meist hält dieser Zustand nicht lange an. Denn nach einer gewissen Weile denken wir darüber nach, was von uns selbst noch übrig bleibt nach dem Verschmelzungsprozess. Es ist eine Urangst: Gehe ich verloren in der Partnerschaft? Verrate ich mein Selbst? Ist dieses Dritte, in dem ich mich wiederfinde, bedrohlich? Leidet meine Persönlichkeit?

Psychologen warnen von jeher vor Entgrenzungen. Sie deuten sie als Ich-Schwäche und Überidentifikation mit einer anderen Person, die die Macht hat, den Unterworfenen buchstäblich verschwinden zu lassen. Angstbilder werden beschworen: Der Schlund, der alles verschlingt. Die Vagina dentata, die mit Zähnen bewehrte Vagina der Frau, die das arglose Männchen verspeist. Der Vampir, der alle Lebenskraft aus seinem Opfer saugt.

»Ziehe Grenzen, bewahre dir deine eigenen Bereiche, bleib, wie du bist«, warnen auch Freunde und Bekannte, wenn sie feststellen, dass die transformierende Kraft der Liebe eingesetzt hat. Was sie übersehen: Transformation bedeutet nicht Selbstaufgabe, sondern Selbsterkenntnis. Endlich entwickelt sich die Seele zum wahren Selbst. Das Umfeld jedoch nimmt das nur als Verlust wahr.

Auch wir selbst sind verunsichert, und das nicht von ungefähr. Glück und Harmonie, das lesen wir in vielen populärwissenschaftlichen Darstellungen, hängen substanziell von der Selbstbestimmtheit ab. Es komme daher darauf an, sein Leben fest in der Hand zu halten und alle Entscheidungen allein zu treffen.

Belegt wird diese These unter anderem mit dem Beispiel, dass das Krankheitsrisiko sich erhöht, je tiefer der Dienstgrad eines Angestellten in der Behördenhierarchie ist. Da er wenig Handlungsspielräume hat und Anweisungen befolgen muss, gerät er in gesundheitsschädlichen Stress. Er leidet darunter, dass ihm als Untergebener die Selbstbestimmung fehlt, und muss sogar mit einer niedrigeren Lebenserwartung rechnen.

Ähnliches hat man bei Orchestermusikern festgestellt. Sie sind wesentlich häufiger krank als Dirigenten und entwickeln typische Krankheiten wie chronische Kopfschmerzen und Magenleiden, da sie sich als fremdbestimmt und unfrei empfinden.

Auflösen können Sie Ihre Urängste nur, wenn Sie die Augen zum Himmel wenden und sich dem Kosmos verbunden fühlen. Falls Sie tatsächlich Ihren Seelenpartner gefunden haben, bedeutet Verschmelzung nicht Selbstauslöschung, sondern Entwicklung. Nie sind Sie so selbstbestimmt, wie in einer energetisch resonanten Beziehung, und das schließt auch das Glück ein, sich durch Resonanz transformieren zu lassen.

Ich würde diese qualitative Entgrenzung mit der grenzüberschreitenden Kommunikation durch elektronische Medien vergleichen. Der moderne Mensch ist kommunikativ befreit von den Beengungen durch Zeit und Raum. Er kann in Wien ein Onlinespiel mit einem Australier spielen, mit dem Liebsten in Washington telefonieren und im Fernsehen Bilder eines Vulkanausbruchs auf den Philippinen verfolgen, der zeitgleich stattfindet.

Eine Bedrohung wird diese entgrenzte Kommunikation nur dann, wenn jemand als Person nicht genügend gefestigt ist, um diese Optionen souverän zu nutzen. Dann verliert er sich in der Tat, spürt sich selbst nicht mehr und löst sich im Säurebad einer toxisch wirkenden Überdosis von Kommunikation auf. Er verschwindet im World Wide Web, vergisst zu leben und wird einer der übernächtigten Nerds, die entkörperlicht vor dem Computer hocken.

Im übertragenen Sinne ist eine spirituell entwickelte Persönlichkeit vergleichbar entgrenzt, denn sie kommuniziert unabhängig von Zeit und Raum.

Doch im Unterschied zum überwältigten Informationsjunkie des Computerzeitalters ist die spirituell erwachte Seele souverän. Sie hat Selbst-Bewusstsein durch Selbst-Erkenntnis. Daher muss sie nie befürchten, dass sie sich selbst aufgibt, wenn sie sich Energien anvertraut, die aus dem Kosmos und vom Partner stammen. Das ist das Geheimnis einer Harmonie, die alle Grenzen überschreitet.

Harmoniequellen

So wie es Energiequellen gibt, stellt uns der Kosmos auch Quellen der Harmonie bereit. Sie sind dafür gemacht, uns den Kontakt mit dem Alleins-Bewusstsein der universellen Harmonie zu erhalten.

Die wichtigsten Harmoniequellen, die ich Ihnen hier näherbringen möchte, sind Zeit, Geduld und Versenkung. Aus ihnen schöpfen wir spirituelle Erkenntnisse, lernen, Begierden zu zügeln, und reinigen unsere Wahrnehmung. Wer sich mit diesen Elementen beschäftigt, begibt sich auf eine Entdeckungsreise in die Langsamkeit, in die Konzentration und schließlich ins Zentrum der Harmonie, die kosmische Gelassenheit.

Vordergründig betrachtet besteht die Welt aus Veränderung und Dynamik. Permanent müssen wir uns auf neue gesellschaftliche Umstände einstellen, veränderte Lebensbedingungen akzeptieren und liebe Gewohnheiten ad acta legen. Nur so können wir flexibel bleiben, Konflikte ausgleichen und unser soziales Überleben sichern.

Das hat seinen Preis. Wir zahlen ihn unter anderem damit, dass wir ein äußerst ambivalentes Verhältnis zur Zeit haben. Mal vergeht die Zeit zu langsam. Ungeduldig schauen wir auf die Uhr, weil wir ungern auf etwas warten. Dann wieder vergeht die Zeit zu schnell. Sie fehlt uns an allen Ecken und Enden, und so beschleunigen wir das Tempo, bis wir nur noch dem Sekundenzeiger hinterherhecheln.

Der souveräne Umgang mit Zeit ist heute die schwierigste Aufgabe, vor der wir stehen. Viele klagen über Zeitmangel, andere schlagen die Zeit nur noch tot, und meist fehlt die Kunst, einen inneren Takt zu finden, der der Seele angemessen ist.

Die Problematik der Zeit wird wesentlich von den vielen fremden Rhythmen verursacht, die uns aufgezwungen werden. Sie definieren Funktionsfenster, in denen wir unser Leben organisieren: aufstehen, frühstücken, zur Arbeit fahren, arbeiten, Freizeitaktivitäten absolvieren eine atemlose Folge von Tätigkeiten steuert uns. Auch wie viel Zeit wir den einzelnen Tätigkeiten widmen, ist von außen festgelegt. Wer hätte schon die Muße, drei Stunden zu frühstücken, wenn morgens um acht die Arbeit beginnt?

Wenn man uns Raum ließe, würden die Rhythmen anders aussehen. Doch wir haben keine Chance auf einen eigenen Takt. Unablässig steht jemand mit der Stoppuhr neben uns, der bestimmt, ob wir uns beeilen müssen oder warten sollen. So verlieren wir das individuelle Rhythmusgefühl, auch dort, wo gar keine Eingriffe stattfinden: in den Zeitabläufen unserer Seele.

Wir haben mehr Gestaltungsfreiräume, als wir denken, dennoch nutzen wir sie selten. Eine gängige Erkenntnis über das Reisen ist denn auch, dass der Körper schneller reist als die Seele. Wir fliegen nur wenige Stunden, und schon sind wir in einer anderen Welt. Gerade noch wateten wir im heimischen Schneematsch, schon laufen wir barfuß am Strand entlang. Benommen greifen wir uns an die

Stirn: Moment, wo bin ich eigentlich? Die Seele ist noch nicht angekommen, lautet die Erklärung.

Die Signatur unserer Gegenwart ist zeitliche Fremdbestimmung, die mit dem Rhythmus der Seele nicht mehr harmoniert. Dadurch werden wir ungeduldig. Wir entfremden uns dem Schauen und der Geduld. Und wir verlieren die kosmische Gewissheit, dass sich die wirklich wichtigen Dinge innerhalb eines Zeitablaufs ereignen, der mit der Seele und ihren Bedürfnissen harmoniert.

Als ich über Resonanz schrieb und die Wege, die Sie zum idealen Partner führen, erwähnte ich bereits, dass es keinen Anlass zur Ungeduld gibt. Der kosmisch bestimmte Partner begegnet Ihnen genau dann, wenn Ihre Seele bereit ist, nicht eher und nicht später. Erst wenn Ihr Energiefeld das einer sich selbst bewussten, schwingenden Seele ist, können Sie die Ankunft des Partners wertschätzen und die Korrespondenz annehmen.

Eine unerschöpfliche Harmoniequelle ist daher nicht die prinzipielle Entschleunigung, sondern das Sich-fallen-Lassen in die kosmische Zeit. Sie regelt alles, was mit unserer Seele zu tun hat. Sie hat den Rhythmus, der unserem Seelenleben angepasst ist. Alles hat seine Zeit, weiß die Bibel, und meint damit: Gottes unerschöpfliche Weisheit kann nie das richtige Timing verfehlen.

Was bedeutet das für Ihre große Liebe? Lernen Sie Geduld und Gelassenheit. Verfallen Sie nicht in Ungeduld und Hektik, wenn sich gemeinsame seelische Entwicklungen nicht so schnell vollziehen, wie Sie das erwarten. Kultivieren Sie ein vertrauensvolles inneres Zeitgefühl, das im Einklang mit dem Rhythmus des Universums steht.

Am glücklichsten sind wir bezeichnenderweise dann, wenn wir die Zeit vergessen. »Dem Glücklichen schlägt keine Stunde«, sagt ein bekanntes Sprichwort. Es thematisiert die von außen getaktete Zeit, die plötzlich unwichtig ist. Der Glückliche hat durchaus einen Zeitbegriff, doch der ist nicht in Minuten und Stunden fassbar, sondern in einer seelischen Qualität. Wir verlieren uns in der Zeit, so wie ein selig spielendes Kind die Uhr vergisst.

Machen Sie die Zeit zu Ihrer persönlichen Harmoniequelle. Geben Sie auch denen, die Sie lieben, Raum für die Entfaltung ihres Rhythmus. Meditieren Sie, versenken Sie sich in die Freuden und gestatten Sie sich auch selbst, sich fallen zu lassen in die grenzenlose Zeit des Kosmos. Auf den Schwingen des Lichts und der Energien werden Sie zum souveränen Spieler der Zeit.

Mir hat eine Meditationsübung sehr gefallen, bei der alle Uhren aus dem Zimmer entfernt werden. Man setzt sich entspannt an einen Platz seiner Wahl, schließt die Augen und konzentriert sich auf ein Wort, das eine intensive energetische Ausstrahlung hat und von dem man sich neue Kraft verspricht.

Was liegt näher, als es mit dem Wort »Glück« zu versuchen? Fragt man uns im Alltag, was Glück ist, so brauchen wir für die Antwort vermutlich nicht länger als zwei, drei Minuten. Bei dieser Meditation haben Sie dafür unbegrenzt Zeit. Sprechen Sie das Wort aus. Lauschen Sie seinem Klang. Lassen Sie jeden einzelnen Buchstaben schwingen, so wie Hermann Hesse es einst getan hat.

Er schrieb über das Wort Glück: »Ich fand, dieses Wort habe trotz seiner Kürze etwas erstaunlich Schweres und Volles, etwas, was an Gold erinnerte, und richtig war ihm außer der Fülle und Vollwichtigkeit auch der Glanz eigen, wie der Blitz in der Wolke wohnte er in der kurzen Silbe, die so schmelzend und lächelnd mit dem GL begann, im Ü so lachend ruhte und so kurz, und im CK so entschlossen und knapp endete. Es war ein Wort zum Lachen und zum Weinen, ein Wort voll Urzauber und Sinnlichkeit.«

Welch eine Fülle und welch ein Reichtum blühen auf, wenn wir nicht versuchen, zeitlich effektiv zu sein, sondern Assoziationen zulassen, Verbindungen suchen, Bilder aktivieren und das ganze Spektrum eines einzigen Worts auszuloten.

Mit dieser Achtsamkeitsübung tauchen Sie ein in die Kunst der Mantra-Meditation. Sie ist für mich die schönste Form der Versenkung, weil sie uns in alle Richtungen hin öffnet. Ein Mantra ist pure Sprachmagie. Es schützt uns und öffnet den Blick in den Kosmos. So wird sie zu einer Quelle der Harmonie.

Für immer und ewig

Bis dass der Tod euch scheidet? Wir kennen diese Formel, sie wird bei der kirchlichen Trauung ausgesprochen. Aber wer glaubt schon wirklich daran?

Insgeheim lösen wir ein Ticket mit Rückfahrkarte selbst dann, wenn wir dem über alles geliebten Partner das Treueversprechen geben. Der Verstand und die Erfahrung meinen nämlich, dass selbst die größte Liebe irgendwann vorbei ist. Wer kann schon sichere Garantien für später abgeben? Versuchungen lauern überall, und ein bisschen Abwechslung gehört nun mal dazu, sagt man uns augenzwinkernd.

Für immer und ewig – im toleranten und pragmatischen Lebensgefühl sind das schrille Töne. Die Erlebnisgesellschaft braucht starke Reize, und die stärksten sind bekanntlich jene, die nagelneu sind. Ist es nicht seltsam, dass uns das Versprechen auf ewige Liebe und Treue gleichzeitig anzieht und Furcht einflößt?

Im ersten Kapitel dieses Buches habe ich Ihnen geschildert, was Ihre Seele in Wahrheit ist: ein Teil der Urseele, aus der sie sich abgespalten hat, um zu inkarnieren. Die Sehnsucht nach dem idealen Partner ist daher die Sehnsucht, in die Urseele wie in eine Seelenfamilie zurückzukehren. Der Kosmos findet für uns den Partner, der uns diese Erfahrung schenken kann. Er besänftigt den Schmerz, dass wir getrennt sind von der Urseele, und er fängt uns auf.

Die Art und Weise, wie wir Liebe erleben und empfangen, ist eine Entscheidung der sich selbst bewussten Seele. Wollen wir die ewige, unendliche Liebe der Seele, die ihren Ursprung in der Urseele hat? Oder wollen wir die Liebe der Gefühle und Begierden, deren Intensität nicht darüber hinwegtäuschen kann, dass sie vorübergehend bleiben wird?

Alle Religionen und Gesellschaften haben Antworten auf diese Fragen gegeben. Viele dieser Antworten hatten praktische Aspekte. Ehe und Familie waren ein Garant dafür, sich erfolgreich in eine Gemeinschaft einzugliedern, größere Überlebenschancen zu haben und im Alter sozial und materiell abgesichert zu sein.

Solche praktischen Erwägungen sind heute zurückgetreten hinter den Zielen der Individualisierung und der Selbstverwirklichung. Speziell in den westlichen Industriegesellschaften mit ihren Solidargemeinschaften haben wir eine weit größere Entscheidungsfreiheit, wie wir leben wollen, als in den Raubtiergesellschaften früherer Tage, als es noch um das nackte Überleben ging.

Singles haben heute keine Schwierigkeiten mehr, sich eine Existenz aufzubauen und Anerkennung zu erhalten. Was aber ist mit der Seele? Wer kümmert sich um sie?

Die Geborgenheit im Einssein ist eine Sehnsucht, die uns ein Leben lang begleitet. Genauso wichtig aber ist: Der Seelenpartner, der diese Sehnsucht stillt, wird vom Kosmos ausgesucht und ist unersetzbar. Sie werden mit keinem zweiten Partner die gleiche Erfahrung machen oder diese Erfahrung steigern können.

Dieses kosmische Gesetz möchte ich Ihnen zum Schluss mitgeben. Es kommt nur auf Sie an, ob Sie es respektieren und mit unendlicher Liebe belohnt werden, mit einer tiefen, authentischen und beglückenden Seelenliebe. Verbundenheit, Erfüllung, Nähe, Verstandenwerden sind keine zufälligen Nebenwirkungen der Verliebtheit. Wenn Sie sich entscheiden, dass Sie diese Liebe wollen und sie durch nichts gefährden werden, dann sendet Ihnen der Kosmos den Partner, der für Sie bestimmt ist. Dann unterstützt er Ihre Transformation und hilft Ihnen, Ihre Liebe zu leben.

Sie müssen also empfänglich sein, oder, im energetischen Sinne, empfangsbereit. Der Kosmos kennt Ihren Partner. Dieser Partner wartet auf Sie, und er wartet vergeblich, wenn Sie nicht die richtige Entscheidung treffen. Solange Sie Zweifel an Ihrer Liebesfähigkeit hegen, solange Sie sich die Hintertür für wechselnde Beziehungen offen halten, verweigert der Kosmos Ihnen den Menschen, mit dem Sie unendlich glücklich werden könnten. Nicht aus Böswilligkeit. Sondern weil Sie ihn tödlich verletzen würden, wenn Sie nur mit ihm spielen.

Erkennen Sie die Kostbarkeit Ihrer Seele und der Seele des Partners, der schon lange auf Sie gewartet hat. Erkennen Sie Ihre Bestimmung, aus aufrichtigstem Herzen, aus tiefster Seele. Sie werden ein Glück entdecken, das so groß ist wie der Kosmos.

Nachwort

Abschließend möchte ich mich gerne noch bei Ihnen, liebe Leserin und lieber Leser, vorstellen und Ihnen einige Anregungen mitgeben wie ich mit den kosmischen Kräften in meinem Leben ganz allgemein, auch jenseits der Partnerwahl, umgehe.

Ich durfte in meinem Leben außergewöhnliche Menschen kennenlernen, von großen spirituellen Lehrern wie dem Dalai Lama über Schriftsteller wie Isabel Allende und Paulo Coelho, Künstlern wie Christo und Jeanne-Claude bis hin zu zahlreichen herausragenden Wissenschaftern und Nobelpreisträgern aus den verschiedensten Disziplinen. Mein Projekt brachte es mit sich, dass ich oft viele Stunden in sehr persönlichem Kontakt mit ihnen erleben konnte. Daraus lernte ich, dass nur diejenigen, die ihr Herz öffneten und sich ohne Masken zeigten, andere Menschen tief berühren konnten und dadurch zu wichtigen Vorbildern wurden.

Darum ist es mir mit diesem Buch ein Anliegen, meine direkt aus dem Herzen kommende Wahrheit weiterzugeben, denn nur so wird es das bewirken, was es soll: Ihnen und uns allen (ich nehme mich da keinesfalls aus) die Augen für das zu öffnen, was die wirkliche Bestimmung des Menschen ist und was uns jetzt vom Kosmos, den wir ja in uns tragen (wie innen so außen), in Form von kosmischen Strahlungen als Entwicklungspotential angeboten wird.

Wie Sie wahrscheinlich auch, habe ich mich tapfer durch endlose Reihen an New-Age-Ratgebern gelesen. Ich setzte mich darüber hinaus intensiv mit den »Originalquellen« – in Verkörperung von wissenden und weisen Menschen – der verschiedenen spirituellen Traditionen sowie der unterschiedlichsten Gebiete der alten und neuen Wissenschaften auseinander. All dies zusammen genommen, gepaart mit meinen persönlichen Erfahrungen und dem, was ich mit meinem Herzen »denke«, hat mich zu folgender Einsicht geführt:

Wir sind Schöpfergöttinnen und -götter unserer Wirklichkeit, wenn wir uns dazu entscheiden, das sein zu wollen. Dazu haben wir jetzt rund um das Datum 2012 die besondere Chance (nachzulesen in der zwischenzeitlich mannigfachen Literatur über das Thema, insbesondere bei Dieter Broers). Wir kreieren uns unsere individuelle Wirklichkeit kraft der Energie/Schwingung unserer Gedanken und Gefühle. Um nicht immer weiter die schmerzlichen Erfahrungen aus der Vergangenheit zu manifestieren, ist es daher wichtig, dass wir alle »negativen« Prägungen loslassen, sie energetisch auflösen. Und das können wir kraft der Liebe. Wenn wir einsehen, dass die schmerzvollen Erfahrungen dazu gehört haben, um uns dahin zu führen, wo wir jetzt sind, und sie damit genauso ihre Berechtigung hatten wie die angenehmen, dann sind wir in der Lage, unsere Vergangenheit loszulassen und mit einem liebenden Herzen neu zu beginnen.

Nachdem in diesem Buch viel über Schwingungen und Resonanzen erklärt wurde, ist Ihnen sicher klar, warum es sich so verhält: Alles, und zwar ausnahmslos alles, hat seine Wirkung. Jeder Gedanke, jedes Gefühl – und sei es auch unbewusst –, zieht entsprechende Situationen an und verwirklicht sich damit selbst. Die meisten dieser negativen Prägungen sind uns gar nicht bewusst, da der bewusste Verstand nur etwa 5% und das Unbewusste 95% unseres Verstandes ausmachen. Nahezu unser ganzes Verhalten basiert also auf Mustern, die wir im Laufe unseres Lebens erlernt und im Unterbewusstsein abgelegt haben, sei es durch Erziehung, Schule oder Erfahrung. Alle Einschränkungen, die uns begegnen, sind letztendlich Ergebnisse dieser Prägungen, und wir reagieren ihnen zufolge, ohne dass wir es überhaupt merken.

Das Dilemma mit den unbewussten negativen Überzeugungen wird neuerdings erkannt und interessante Methoden bieten hier Auswege an. Darunter gibt es viel Sinnvolles und Empfehlenswertes, wie etwa PSYCH-K oder Holographic Repatterning, um nur zwei zu nennen. Dabei werden Energiemuster, die Problemen oder Schmerzen zugrunde liegen, erkannt und aufgelöst.

Ich persönlich habe für mich einen weiblichen und einfacheren Weg gewählt: Ich konzentriere mich darauf, die Energie des Herzens – die Liebesenergie – zu leben. Das mache ich am liebsten über den Weg der Freude, die der gelebte Aspekt von Liebe ist. Das heißt, ich widme mich nur mehr Dingen, die mir Freude bereiten. Entweder sind das Tätigkeiten, die mir einfach deswegen Freude bereiten, weil sie in mir Lust hervorrufen. Wenn das nicht der Fall ist, dann gehe ich zumindest mit einer freudvollen Einstellung daran und konzentriere mich darauf, dass ich mit meinem Tun Liebesenergie in die Welt fließen lasse. Ein religiöser Mensch würde sagen, ich heilige die Handlungen durch meine Verbindung zu Gott. Gelernt habe ich das durch einige der Ärmsten der Armen in unserer Welt, die für das knappe Überleben oft härteste Arbeit verrichten und dabei fröhlich sind.

Je mehr ich mich auf die Freude konzentriere, desto freud- und liebevollere Energien ziehe ich in mein Leben, was sich wiederum in Form positiver Erfahrungen manifestiert. Das Ganze ist ein natürlicher, sich selbst verstärkender Prozess und kann nur dadurch zum Stillstand gebracht werden, dass wir unachtsam sind und in die Angst gehen.

Zudem achte ich auf alles, was mir in meinem Leben begegnet. Denn wie wir gesehen haben, beruht alles auf Schwingungen, Frequenzen und Energien. Sie zeigen sich in unserem Bewusstsein (und Unterbewusstsein) über Gedanken und Gefühle. In der äußeren Welt manifestieren sie sich in Form von Zeichen, Dingen die wir erleben. Das können von banalen Kleinigkeiten wie ein streikender Automotor, ein kaputter CD-Player bis hin zu Unfällen, Krankheiten, etc. alles Mögliche sein. All diese Situationen hinterfrage ich darauf, was sie mir zeigen wollen und was ich daraus zu lernen habe. Ich nenne sie liebevoll »kosmische Botschaften« und erreiche so, dass ich die zugrundeliegenden (unbewussten) sabotierenden Programme entdecke, die diese Energien angezogen haben, und kann sie durch das Bewusstmachen demaskieren. Dabei ist es entscheidend, nicht mit Angst (in Form von Ärger, Wut, Ohnmachtsgefühl, etc.), zu reagieren, sondern mit Liebe durch dankbares Annehmen. Denn Liebe vermag negative Resonanzen aufzulösen, und das Licht ist stärker als die Dunkelheit.

Vor allem ist es wieder in der Partnerschaft, wo wir das besonders einsehen und üben können. Wie oft passiert es uns, dass wir unseren Partner ablehnen, weil er uns den Spiegel vorhält, indem er uns mit dem, was er sagt oder tut, verletzt. Doch in Wahrheit ist es so, dass uns niemand verletzen kann außer wir selbst. Wir tragen alle unsere Verletzungen (Energien der Angst), denen wir im Außen begegnen, in uns selbst, sonst würden wir sie nicht anziehen. Indem wir künftig in solchen Situationen nicht mehr mit Kränkung, Wut, Gegenangriff oder ähnlichen Mustern der Angst reagieren, sondern diese Erfahrungen dankbar annehmen, minimieren wir unseren Schmerzkörper. Dies ist gleichzeitig auch die wichtigste Arbeit, die wir hin zu einem neuen licht- und liebevollen Menschen und damit zu einer neuen Erde machen können.

Schließlich möchte ich Ihnen, liebe Leserin und lieber Leser, von ganzem Herzen danken, dass Sie diesen abenteuerlichen Ausflug in die Welt der Liebe mit mir unternommen haben. Und ich darf Ihnen verraten, dass dies erst der Beginn einer magischen Reise für uns alle wird, aus der wir am Ende als neuer Mensch hervorgehen werden, so wir dazu bereit sind. Ganz wie in meiner Lieblingssinfonie von Beethoven besungen: »Freude schöner Götterfunke, Tochter aus Elysium. Alle Menschen werden Brüder, wo dein sanfter Flügel weilt.«

Danken möchte ich auch allen Menschen, von denen ich in meinem Leben lernen durfte, die mir tiefe Einblicke in ihr persönliches Leben gewährten, wie auch allen Männern (und Frauen), die mir in der Vergangenheit große Lehrmeister auf dem Weg zur Entdeckung der Seelenliebe waren.

Ganz besonders danken möchte ich den wunderbaren Menschen vom Trinity-Verlag, die mich so tatkräftig und liebevoll bei der Entstehung dieses Buchs unterstützten, allen voran Christian Strasser, der mir überhaupt die Möglichkeit eröffnete, meine Gedanken in der Form zu veröffentlichen.

»Himmlische Liebe« war auch für mich persönlich ein weiterer großer Schritt zur Selbsterkenntnis, und ich verneige mich in tiefer Dankbarkeit und Demut vor diesem göttlichen Geschenk.

Liebe ist der Urquell allen Seins.
Gundula Maria Schatz

AN DIE QUELLE DES GLÜCKS

Nur wenige finden, wonach sie sich sehnen. Dabei verfügen wir alle über die nötigen Kraftquellen, um unser Glück Wirklichkeit werden zu lassen. Die Vernetztheit des Menschen mit dem Kosmos ist wissenschaftlich bewiesen, und der Biophysiker Dieter Broers erläutert erstmals, wie wir die daraus resultierende Energie für uns nutzen können, um unsere individuellen Blockaden zu überwinden und frei für das Glück zu sein.

Mehr über unsere Bücher:
www.scorpio-verlag.de

Dieter Broers

Der Glückscode

Die kosmischen Quellen für Selbsterkenntnis,
Liebe und Partnerschaft.

256 Seiten, gebunden, 17,95 €
ISBN: 978-3-942166-01-0